Gendersprache:
Kampf oder Krampf?

Von

Ingo von Münch

Duncker & Humblot · Berlin

Bibliografische Information der Deutschen Nationalbibliothek

Die Deutsche Nationalbibliothek verzeichnet diese Publikation in
der Deutschen Nationalbibliografie; detaillierte bibliografische Daten
sind im Internet über http://dnb.d-nb.de abrufbar.

Alle Rechte vorbehalten
© 2023 Duncker & Humblot GmbH, Berlin
Satz: 3w+p GmbH, Rimpar
Druck: CPI Books GmbH, Leck
Printed in Germany

ISBN 978-3-428-18808-6 (Print)
ISBN 978-3-428-58808-4 (E-Book)

Gedruckt auf alterungsbeständigem (säurefreiem) Papier
entsprechend ISO 9706 ♾

Internet: http://www.duncker-humblot.de

INGO VON MÜNCH

Gendersprache:
Kampf oder Krampf?

Vorwort

Es kommt nicht häufig vor, dass eine Sprache innerhalb kurzer Zeit grundlegende Veränderungen erfährt, wie dies der deutschen Sprache in Form der Gendersprache („Gendern") widerfahren ist. Die Sprachänderung durch Gendern hat zu zahlreichen Kommentaren geführt – kritischen und positiven. Bücher, Abhandlungen, Blogs und Leserbriefe sind inzwischen in großer Zahl zu diesem kontroversen Thema erschienen.

Die vorliegende Studie ist weder ein Buch gegen das Gendern noch für das Gendern, sondern eine Untersuchung über das Gendern. Der Verfasser verhehlt dabei nicht eine grundsätzliche Skepsis gegenüber Eingriffen in die gewohnte Sprache, die sich im schlimmsten Fall als Verhunzungen präsentieren. Die grundsätzliche Skepsis sollte aber nicht in Fanatismus ausarten. Der Schweizer Schriftsteller Martin Suter hat in einem Interview über sein Leben als Autor und Bürger vorsichtig formuliert: „Das Gendern ist für mich eine bizarre Frage."[1] Folgt man diesem zurückhaltenden Urteil, so wird man Charakterisierungen des Genderns als „spielerischer Sprachterrorismus"[2] oder „historischer Kulturbruch"[3] kaum folgen. Vernünftig erscheint bei der Diskussion eines so komplexen Themas wie dem Gendern vielmehr die Mahnung nach mehr Gelassenheit, wie sie inzwischen zu Recht mehrfach gefordert wird: „Diese Spirale aus Triggern und Reflexen ist, ehrlich gesagt, ermüdend geworden. Die Genderdebatte braucht deshalb vor allem eines: mehr Gelassenheit" schreibt der Schweizer Journalist

---

[1] „Das Gendern ist für mich eine bizarre Frage." *Martin Suter* spricht über sein Leben als Autor und Bürger, rbl (= Roman Bucheli), NZZ Nr. 291 v. 18.08. 2022 Internationale Ausgabe S. 1.

[2] *Uwe-Jens Has*, Spielerischer Sprachterrorismus (Leserbrief), FAZ Nr. 183 v. 09.08.2022, S. 6.

[3] *Florian Sturmfall*, Historischer Kulturbruch, PAZ Nr. 26 v. 01.07.2022, S. 8.

Jonas Roth[4], und die Professorin für Sprachgeschichte an der Universität Mainz und Expertin für Genderlinguistik Damaris Nübling bittet: „Ich appelliere an alle, sie (gemeint sind: „Debatten um die sogenannte Gendersprache", d. Verf.) entspannt und tolerant zu führen."[5] Solche Appelle finden in einer Empörungsgesellschaft nicht unbedingt Gehör; denn: „Es ist bezeichnend, wie in unserer sogenannten Diskursgesellschaft neuerdings emotionales, subjektives Geschütz aufgefahren wird, um widerstreitende Meinungen auszugrenzen" (Rainer Moritz[6]). An der Unversöhnlichkeit widerstreitender Meinungen haben schließlich auch die sozialen Netzwerke ihren Anteil. Von Katja Eichinger, die sich mehrmals mit Neurosen befasst hat, stammt das Bekenntnis: „Mich nervt die Empörungskultur der sozialen Medien. Sie zerstört jeglichen Diskurs."[7] Zur Debatte über Sinn und Unsinn von geschlechtergerechter Sprache ist in diesem Zusammenhang zu lesen: „Gerade in den Echokammern der sozialen Netzwerke werden die Diskussionen mit einem rechthaberischen Furor geführt, der nur noch Absolutionen zulässt"[8] Toleranz und Gelassenheit suchen dagegen Kompromisse. Einen solchen Kompromiss sieht das vorliegende Buch in der Unterscheidung zwischen weichem und hartem Gendern.

Das weiche Gendern verändert keine Worte und schafft keine künstliche Schreib- oder Sprechweise, sondern spricht Frauen und Männer schlicht mit dem passenden auf sie gemünzten Ausdruck an. Bei einem gemischten Publikum oder einem auf mehrere Geschlechter bezogenen Bericht führt das zwar zu einer Doppelbenennung (z. B. „Sehr geehrte Damen und Herren" oder „Lehrer und Lehrerinnen", „Besucherinnen und Besucher"), jedoch ist diese leichte Umständlichkeit hinnehmbar, wenn das sog. generische Maskulinum vermieden

---

[4] *Jonas Roth*, Gendern oder nicht gendern? Entspannt euch! Die Debatte um geschlechtergerechte Sprache wird mit Schnappatmung geführt. Dabei braucht das Thema vor allem eines: mehr Gelassenheit, NZZ v. 14.07.2022, S. 17.

[5] „Wir schütteln nur den Kopf darüber". Die Linguistin *Damaris Nübling* über den jüngsten Aufruf gegen gendergerechte Sprache und Argumente der Wissenschaft. Interview mit Novina Göhlsdorf https://zeitung.faz.net/fas/seite-eins/2022-08-07/).

[6] *Rainer Moritz*, Man muss Tellkamp ja nicht gleich lieben. Der westdeutsche Literaturbetrieb meidet den Schriftsteller wegen seiner politischen Haltung. Das ist ein Fehler, NZZ v. 08.07.2022, S. 30.

[7] In: Vier Fragen an *Katja Eichinger*, FAS Nr. 28 v. 17.07.2022, S. 38.

[8] *Jonas Roth* (Anm. 4).

werden soll. Die Doppelung von Anrede und/oder Bezeichnung bei Anwesenheit oder Adressierung verschiedener Personengruppen kann auch als Zeichen eines echten Sprachwandels verstanden werden, also als Zeichen einer natürlichen (= nicht oktroyierten) Entwicklung des Sprachgebrauchs, wofür auch der Nichtmehrgebrauch eines Wortes (Bsp.: „Fräulein") als Beispiel genannt werden kann.

Entgegen gelegentlich geäußerter Behauptung ist dagegen das harte Gendern nicht auf einen Sprachwandel zurückzuführen, sondern auf „Handreichungen", „Empfehlungen", „Sprachleitfäden" und ähnlichem, die von Stadtverwaltungen, Hochschulverwaltungen, politischen Parteien, Verlagen und Unternehmensvorständen dekretiert werden. Nicht zutreffend ist in diesem Zusammenhang auch die Behauptung, dass von solchen „Handreichungen", „Empfehlungen", „Sprachleitfäden" und ähnlichem kein Zwang zum Gebrauch der Gendersprache ausgeübt werde. Verschwiegen wird dabei die an einigen deutschen Hochschulen bereits übliche Praxis, ein Nicht-Gendern in schriftlichen Arbeiten mit einem Punkteabzug zu sanktionieren – eine immerhin rechtswidrige Handhabung.[9] Wo amtliche Sanktionen fehlen, greift der Anpassungsdruck. Eine Ausbilderin von Studienreferendaren berichtet: „Es ist unsäglich, wie stark sich die sogenannte gegenderte Sprache in Unterrichtsentwürfen, Texten zu Prüfungen, ja sogar in den Arbeitsblättern für Schüler wiederfindet." Auf Nachfrage äußerten viele dieser Referendare, „dass sie aus Angst vor einer schlechteren Beurteilung so handeln, obwohl sie selbst dies lieber nicht tun würden. Der Anpassungsdruck ist wohl enorm hoch, leider die Anpassungsbereitschaft aber auch."[10] Interessant ist auch die Erfahrung eines Autors mit einem Verlag, in dem eine Festschrift erscheinen sollte: „Der mit der Festschrift befasste Verlag (Waxmann) und die beiden herausgebenden Professoren beharrten darauf, dass mein Beitrag gegendert würde. Da es sich aber um meine Sprache und um meinen Text handelte, den ich nicht zensieren lassen wollte, war eine Einigung ausgeschlossen. Gendern ist also wichtiger als der Inhalt, an

---

[9] Zutreffend *Fatina Keilani*, Punkteabzug fürs Nicht-Gendern ist rechtswidrig. Studentinnen und Studenten an deutschen Universitäten wehren sich kaum gegen „geschlechtersensibles" Formulieren, NZZ v. 11.07.2022 Internationale Ausgabe S. 7.

[10] *Christine Sauerbaum-Thieme*, Angst vor schlechter Beurteilung (Leserbrief), FAZ Nr. 186 v. 12.08.2022, S. 25.

dem niemand Anstoß genommen hätte."[11] Wenn Gendern wichtiger als Inhalte wird, ist Rationalität zugunsten von Ideologie verlassen.

Nun mag der geschilderte Fall als ein Einzelfall gewertet werden oder als eines der Beispiele, die in einer Rezension von Ralf Rothmanns Trilogie als „vermutlich die Frucht eines übereifrigen Lektorats" bezeichnet werden[12]. (Lektoren, die sich das Genderkreuz am Bande an die vermutlich stolzgeschwellte Brust heften, gibt es allerdings inzwischen einige.) Gravierende Kritik an der Gendersprache betrifft allerdings nicht mögliche Einzelfälle oder das Werk übereifriger Lektoren, sondern mehrere grundsätzliche Probleme.

Zunächst: Wenn über „die Gendersprache" diskutiert wird, muss der Eindruck entstehen, es gebe nur eine (eben: die) Gendersprache. Dieser Eindruck entspricht jedoch nicht der Realität: Als sog. „Sonderzeichen" sind die Schrägstrich-Lösung, das große BinnenI, der Binnendoppelpunkt, der Unterstrich und der Genderstern im Gebrauch, wobei letzterer wohl zur Zeit als verbreitetste Form von den Genderaktivisten praktiziert wird. Jonas Roth macht daher in seinem bereits erwähnten Beitrag darauf aufmerksam: „Die Vielfalt von Sonderzeichen weist aber nicht zuletzt darauf hin, dass der Weisheit letzter Schluss noch nicht gefunden wurde."[13] Diese relativierende Sicht könnte dahin gedeutet werden, dass es sich beim Gendern um eine Modeerscheinung handelt, vergleichbar etwa – wenn auch weit hergeholt – dem Dadaismus am Anfang des vorigen Jahrhunderts. Eine solche diminuierende Sicht wird der gegenwärtigen Bedeutung des Genderns aber wohl nicht gerecht.

Unübersehbar und einfach nicht zu bestreiten ist jedenfalls die Spaltung der Gesellschaft, die sich im Gebrauch und Nichtgebrauch der Gendersprache manifestiert.[14] Die Kassiererin im Supermarkt und der

---

[11] *Gerhard Fritz*, Grundgesetzwidrige Zensur, FAZ Nr. 188 v. 15.08.2022, S. 5.

[12] *Jürgen Kaube/André Kieserling*, Die gespaltene Gesellschaft, Berlin 2022; *Hilmar Klute*, Liebe nach dem Krieg. Der dritte Teil von Ralf Rothmanns Trilogie über die Erbschaft der Gewalt nach dem Zweiten Weltkrieg ist der stärkste. Und wieder sucht er nach einer Rettung durch Erzählen, SZ Nr. 165 v. 20.07.2022, S. 12.

[13] *Jonas Roth* (Anm. 4).

[14] Zum Thema Spaltung allgemein s. *Renate Köcher*, Wie gespalten ist Deutschland?, FAZ Nr. 172 v. 27.07.2022, S. 8. Geschlechtergerechte Sprache

Bauarbeiter an der Autobahn gendern weder mündlich noch schriftlich. Weder der „Male Bias" für das generische Maskulinum noch der „Female Bias" für die Gendersternvariante[15] sind den Menschen, die keine Linguisten sind, ihrem Inhalt nach geläufig. Über den ehemaligen Kopf der sog. „Kanalarbeiter" in der SPD Egon Franke (Spitzname: „Canale Grande") wurde geschrieben: „Man schaudert amüsiert bei dem Gedanken, was „Canale Grande" über die Sprachreinigungsobsessionen einiger privilegierter Akademikerkreise unserer Jahre sagen würde."[16] Noch härter formuliert ein Leserbrief zur sog. „Veränderungsfurcht": „Als ob es bei dieser Veränderung um den spontan entstehenden Wandel der Sprache ginge – und nicht um eine bewusste, ideologisch motivierte Gängelung des Publikums durch vermeintliche Vordenker der politisch-medialen Klasse."[17]

Der genderkritische Leserbrief stammt aus der Feder des ehemaligen Intendanten des SWR. Leider ist seine Meinung nicht Allgemeingut der Sprache in den öffentlich-rechtlichen Rundfunk- und Fernsehanstalten. Ohne Rücksichtnahme darauf, dass die Mehrheit der Bevölkerung und damit die Mehrheit der den sog. Rundfunkbeitrag Zahlenden das Gendern ablehnt, wird in den Programmen der Öffentlich-Rechtlichen munter drauflos gegendert. Heike Schmoll hat in ihrem Leitartikel „Öffentlich-rechtliche Umerziehung" die Anmaßung der öffentlich-rechtlichen Sender, die Sprachgemeinschaft erziehen zu wollen, als zutiefst undemokratisch und dem Auftrag öffentlich-rechtlicher Medien widersprechend kritisiert: „Die Sprachgemeinschaft erziehen zu wollen, ist eine Anmaßung der öffentlich-rechtlichen

---

wird danach von 39 % als kontroverses Thema empfunden; s. auch *Sahra Wagenknecht*, Die Selbstgerechten. Mein Gegenprogramm – für Gemeinsinn und Zusammenhalt, Frankfurt a.M. 2021, Teil I: Die gespaltene Gesellschaft und ihre Freunde.

[15] Dazu *Anita Körner / Bleen Abraham / Ralf Rummer / Fritz Strack*, Wirkung des Gendersterns. Replik auf den Text von Stefan Beher, FAZ Nr. 160 v. 13.07.2022, S. N 4; *dies.*, Einstellung und Effekt. Duplik: Zur Wirkung von Gendersprache, FAZ Nr. 202 v. 31.08.2022, S. N 4.

[16] *Joachim Käppner*, Die Mutigen und die Lauten. Nicht jede Meinungsäußerung ist eine Heldentat. Ein gutes Datum, um daran zu erinnern, ist der 20. Juli, SZ Nr. 165 v. 20.07.2022, S. 9.

[17] *Peter Voß*, Veränderung? Gängelung! (Leserbrief), FAZ Nr. 185 v. 11.08.2022, S. 18.

Sender, die von niemandem toleriert werden muss."[18] Die bekannte Journalistin, die sich auch auf ein Votum von mehr als 170 Wissenschaftlern beruft, steht mit dieser ihrer Kritik nicht allein. Zahlreiche Leserbriefe signalisieren Zustimmung:[19] Sprachdiktatur, Selbstherrlichkeit, autoritäres Verhalten und Arroganz sind häufige Vorwürfe an die Andresse der gendernden Anstalten. Sogar ein Mitglied des ZDF-Fernsehrates mahnt: „Zum Respekt vor dem Beitragszahler gehört die Einsicht, dass es keinen volkserziehenden Auftrag gibt"; die Rundfunkanstalten seien keine Schule der Nation. „Das Volk spricht, wie ihm der Schnabel gewachsen ist. Der Rundfunk ist nicht berufen, es politisch korrekt sprechen zu lehren oder sonstige Verhaltensstandards zu setzen."[20] Spricht das Volk in seiner alltäglichen Sprache mit dem (Gender-)Glottisschlag? Natürlich nicht. Nur: Die öffentlich-rechtlichen Rundfunkanstalten repräsentieren in dieser Beziehung das Volk nicht. Ein Blick über den deutschen Gartenzaun wirft die österreichische Schriftstellerin Lisa Eckhart: „Und was Deutschland angeht… es kommt von seinem Sonderweg nicht ab… Nur das Deutsche praktiziert diesen unsäglichen Glottisschlag. Wenn etwas in Deutschland schlummert, was immer wieder ausbricht und allen zum Verhängnis wird, so ist es nicht „das Böse", sondern der verheerende Wille, bessere Menschen zu züchten."[21] Dass der deutsche Sonderweg in Sachen Gendersprache Ausländern den Zugang zur deutschen Sprache nicht

---

[18] *Heike Schmoll*, Öffentlich-rechtliche Umerziehung, FAZ v. 10.08.2022, S. 1.

[19] Beispiele: *Dieter Hackler*, Gegen autoritäre Bevormundung, FAZ Nr. 188 v. 15.08.2022, S. 5; *Christian Kraus*, Radio ausschalten, FAZ Nr. 190 v. 17.08.2022, S. 5; *Bernt Spiegel*, Eingriff von außen, FAZ Nr. 190 v. 17.08.2022, S. 5; *Werner Steppat*, Grundversorgung, FAZ Nr. 190 v. 17.08.2022, S. 5; *Burkard Budde*, Vetternwirtschaft und Selbstbedienung, FAZ Nr. 192 v. 19.08.2022, S. 18; *Werner Rosenbecker*, Kulturdemontage, FAZ Nr. 198 v. 26.08.2022, S. 29; *Willi Wabel*, Sprachverstümmelung im ZDF, FAZ Nr. 224 v. 26.09.2022, S. 5.

[20] *Rainer Robra*, Da ist der Wurm drin. Der Skandal um die vormalige RBB-Intendantin und ARD-Vorsitzende Schlesinger wirft ein Schlaglicht auf den immensen Reformbedarf des öffentlich-rechtlichen Rundfunks, vor allem bei der ARD und dem ZDF. Gleich, wo man hinschaut: Weniger wäre mehr, FAZ Nr. 194 v. 22.08.2022, S. 6. – Abwägend *Hans Jörg Friedrich Müller*, In der Genderfalle. Der öffentlich-rechtliche Rundfunk kann es niemandem recht machen, NZZ v. 06.08.2022, S. 35.

[21] Zit. nach PAZ Nr. 33 v. 24.08.2022, S. 24.

gerade erleichtert, sondern erschwert, wird verdrängt, ebenso die Erschwernisse für Schüler beim Erlernen des Lesens und der Rechtschreibung.[22] Die Gendersprache spaltet aber nicht nur zwischen Schulkindern und Erwachsenen und zwischen Inländern und Ausländern, sondern auch zwischen den Deutschen in West und Ost. Robert Habeck, der Ko-Vorsitzende von Bündnis 90 / Die Grünen, weist auf die Spaltung hin, wenn er zum Thema „Verlorenheit, wenn man die Sprache des anderen nicht versteht", schreibt: „Wir Grüne zum Beispiel benutzen in unseren offiziellen Texten wie selbstverständlich den Gender Star, um sichtbar zu machen, dass alle Menschen in der Sprache ihren Platz haben – aber in Ostdeutschland schauen einen die Menschen verständnislos an, wenn man von Arbeiterinnen und Arbeitern spricht, obwohl es dort seit Jahrzehnten selbstverständlich ist, dass Frauen arbeiten…".[23] Warum praktizieren die Menschen im Osten nicht den Gendersprech? Vielleicht weil es für sie Wichtigeres gibt als Genderstern und Glottisschlag?

Die Gendersprache wendet sich – besonders sichtbar bei der Behandlung von Transpersonen – gegen Diskriminierung. Dies ist ein an sich löbliches Ziel. Erfreulicherweise macht die Gleichberechtigung von Frauen und Männern immer weitere Fortschritte – in Recht, Politik, Wirtschaft, Wissenschaft, Kultur, Sport, Medien: Man kann wohl sagen überall, außer im Reservat des Heiligen Stuhles. Im Übrigen mehren sich Schlagzeilen wie „Mehr Frauen in Dax-Vorständen"[24] und „Die Wirtschaftsweisen werden immer weiblicher"[25]. Die britische Königin hat nach dem Rücktritt von Boris Johnson eine Frau zur Premierministerin des Vereinigten Königreiches ernannt; Liz Truss reihte sich damit (wenn auch nur mit kurzer Amtszeit) in eine immer länger werdende Kette von weiblichen Regierungschefinnen ein. Immer mehr

---

[22] Dazu *Uschi Mittag*, Hilft Gendern beim Erlernen des Lesens und der Rechtschreibung?, Sprachnachrichten Nr. 95 (III / 2022), S. 11.

[23] *Robert Habeck*, Wer wir sein könnten. Warum unsere Demokratie eine offene und vielfältige Sprache braucht, 5. Aufl. Köln 2018, S. 92, mit dem Eingangssatz zur „Verlorenheit, wenn man die Sprache des anderen nicht versteht."

[24] Notiz dpa Mehr Frauen in Dax-Vorständen, FAZ Nr. 156 v. 08.07.2022, S. 20.

[25] *Michael Rasch*, Die Wirtschaftsweisen werden immer weiblicher. Ulrike Malmendier und Martin Werding sollen die Vakanzen im deutschen Sachverständigenrat füllen, NZZ v. 09.08.2022, S. 23.

Positionen, die früher Männern vorbehalten waren, werden nun von selbstbewussten Frauen eingenommen. Deshalb ist die Feststellung einer Journalistin zutreffend, dass es nicht angeht, „‚die Frau' weiterhin wie ein hilfloses kleines Wesen, das von der Wiege bis zur Bahre geschützt, gestützt und gefördert werden muss", zu behandeln.[26] Noch schärfer und allgemeiner formuliert wird vor dem „Gefühlsterror eifriger Aktivisten" gewarnt.[27] Weniger dramatisch ausgedrückt: Es sollten nicht, wie beim woken Zeitgeist, „symbolische Ersatzhandlungen dominieren",[28] denn, um mit Jonas Roth zu urteilen: „Es waren und sind in erster Linie Taten und nicht Worte, welche für die großen Würfe der Gleichberechtigung gesorgt haben."[29]

Ein liberales und dem Gedanken des Rechtsstaates angemessenes Fazit könnte lauten: Wer gendern will, soll gendern dürfen. Ein Verbot der Gendersprache kommt nicht in Betracht. Andererseits ist jeder Druck zum Gendern, insbesondere unter Ausnutzung eines Abhängigkeitsverhältnisses, unzulässig, sei es, dass der Druck von Stadtverwaltungen auf ihre Beschäftigten oder von Hochschulen auf ihre Studenten und Studentinnen oder von Arbeitgebern auf ihre Arbeitnehmer und Arbeitnehmerinnen ausgeübt wird. Wer nicht gendert, befindet sich im Einklang mit den Regeln des Deutschen Rates für Rechtschreibung, betreibt keine Selbstbefriedigung als einer der „guten Menschen" und vermeidet Lächerlichkeiten wie das Wort „Gästin" oder die abwegige Ersetzung des Wortes „Mutter" durch „Person, die das Kind geboren hat".[30]

Zutreffend ist jedenfalls die Feststellung: „Immer stärker erleben wir ein Auseinanderklaffen zwischen dem, was die Gesellschaft in unserem Land bewegt, und dem, was eine kleine Meinungselite meint, was die Menschen bewegen sollte. Schlimmer noch: Die Mehrheit findet sich in diesen Debatten nicht nur nicht wieder, es wird ihr sogar

---

[26] *Claudia Wirz*, Der Lohn des Jammerns, NZZ v. 21.08.2022 Internationale Ausgabe S. 19.

[27] *Benedikt Neff*, Das große Unwohlsein oder der Gefühlsterror eifriger Aktivisten, NZZ v. 26.08.2022 Internationale Ausgabe S. 7.

[28] Zitat bei *Reinhard Mohr*, Burnout oder die Flucht vor den Nachrichten, NZZ v. 22.07.2022 Internationale Ausgabe S. 14.

[29] *Jonas Roth* (Anm. 4).

[30] Zitiert bei *Birgit Schmid*, Sie würden am liebsten das Wort „Frau" verbieten, NZZ v. 09.07.2022, S. 60.

der Eindruck vermittelt, dass wer nicht die Meinung der lauten Minderheit teilt, ein schlechter Mensch ist."[31]

Zum Schluss: Die Gendersprache soll der Geschlechtergerechtigkeit dienen. Deshalb erscheint es angebracht, die folgenden Bemerkungen von mehreren Frauen zu zitieren. Die Literaturwissenschaftlerin Dagmar Lorenz schreibt in ihrem lesenswerten Beitrag „Jargon des Gendersensiblen" zu unserem Thema: „Ein typographisches Sonderzeichen, das für sich genommen gar nichts bedeutet, wird zum Symbol erklärt und mit einem geradezu magisch anmutenden Wirkungsversprechen versehen... Diese Überfrachtung banaler Satzzeichen, Buchstaben und Schreibweisen mit geradezu hybriden Ansprüchen weist Züge eines fast schon sprachmagischen Wunschdenkens auf."[32] Béatrice Acklin Zimmermann (eine Theologin) und Jill Nussbaumer (eine Volkswirtin) meinen: „Wir glauben nicht daran, dass die Gleichstellung mit Gendersternchen und Gratistampons vorangetrieben werden kann und eine gendergerechte Sprache Frauen im Tieflohnsektor zu einem besseren Leben verhilft."[33] Die Journalistin Susanne Kusicke fasst ihre Kritik der Gendersprache unter der ungewöhnlichen und zutreffenden Überschrift „Gendern diskriminiert" zusammen.[34]

Dieses kleine Buch ist den selbstbewussten, klugen und erfolgreichen Frauen gewidmet, die weder ein großes „BinnenI" noch einen „Genderstern" noch einen „Glottisschlag" nötig haben.

Hamburg, im Herbst 2022   *Ingo von Münch*

---

[31] *Gernot Blümel*, Die Mitte der Gesellschaft geht vergessen, NZZ v. 20.09.2022, S. 18.

[32] *Dagmar Lorenz*, Jargon des Gendersensiblen. Wie Gendersprache akademisches Schreiben blockiert und die weiten Gestaltungsräume sprachlicher Nuancen des Deutschen zu Kammern verengt, FAZ Nr. 238 v. 13.10.2022, S. 7.

[33] *Béatrice Acklin Zimmermann / Jill Nussbaumer*, Gleichstellung – gegen das Opfer-Lamento von links. Als moderne Frauen müssen wir weder belehrt noch gefördert werden. Das Narrativ der allüberall benachteiligten Frau ist kontraproduktiv, NZZ v. 06.10.2022 Internationale Ausgabe S. 14.

[34] *Susanne Kusicke*, Gendern diskriminiert. FAZ Nr. 276 v. 26.11.2022, S. 1.

Inhaltsverzeichnis

I. Gendern: Herkunft und Inhalt 19

II. Beweggrund für Sprachaktionismus 22

III. Die Veränderung der Sprache 24

IV. Das Märchen vom Sprachwandel 29

V. Erziehung, Bevormundung, Druck 33

VI. Hannover an der Leine einer Gutachterin 36

VII. Schreckgespenst generisches Maskulinum 40

VIII. Das Gottessternchen 43

IX. Berufsbezeichnungen im Gendervisier 45

X. Fragwürdige Authentizität 48

XI. Institutionen unterwerfen sich 50

XII. Gendern spaltet 56

XIII. Parteipolitische Affinität 62

XIV. Moralisierende und polarisierende Rekurse 66

XV. Geforderte Chancengleichheit 70

XVI. Wichtigere Themen 73

XVII. Thesen 76

Personenregister 89

Zum Autor 93

Abkürzungen

AL	Alternative Liste (Schweiz)
AöR	Archiv des öffentlichen Rechts
APuz	Aus Politik und Zeitgeschichte
ARD	Arbeitsgemeinschaft der öffentlich-rechtlichen Rundfunkanstalten der Bundesrepublik Deutschland
FAS	Frankfurter Allgemeine Sonntagszeitung
FAZ	Frankfurter Allgemeine Zeitung
JF	Junge Freiheit
NZZ	Neue Zürcher Zeitung
PAZ	Preußische Allgemeine Zeitung
RuP	Recht und Politik
SP	Sozialdemokratische Partei Schweiz
SRF	Schweizer Radio und Fernsehen
SVP	Schweizerische Volkspartei
SWF	Südwestfunk
SZ	Süddeutsche Zeitung
TAZ	Die Tageszeitung
WamS	Welt am Sonntag
ZDF	Zweites Deutsches Fernsehen
ZEIT	Die Zeit
ZHAW	Zürcher Hochschule für Angewandte Wissenschaften
ZRP	Zeitschrift für Rechtspolitik

I. Gendern: Herkunft und Inhalt

Aus den USA, dem sog. „Land der unbegrenzten Möglichkeiten"[1], ist Vieles nach Europa gelangt, was aus dem Leben im „alten Kontinent" nicht mehr hinwegzudenken ist. Die Liste der Beispiele ist lang – um hier nur einige wenige ohne Anspruch auf Vollständigkeit zu nennen: Amazon; Coca Cola; Facebook; Google; Halloween; Homeoffice; Jazz; Jeans; Jeep; Kaugummi; Popcorn; Sensitivity Reading; Streaming; Trigger; Valentinstag. Manche Erscheinungen aus der Amerikanisierung der europäischen Gesellschaft sind gut, andere nicht. Umstritten sind Einflüsse auf (oder sollte man sagen: Eingriffe in) Denken und Sprache, die sich vor allem mit den Begriffen „cancel culture", „critical race theory", „cultural appropriation", „white supremacy", „woke" und besonders häufig „political correctness" verbinden. Von Leon de Winter stammt der in seiner Laudatio zur Verleihung des Ludwig-Börne-Preises an den Chefredakteur der Neuen Zürcher Zeitung Eric Gujer geprägte Satz: „Wie wir wissen, driftet vieles aus den USA, vor allem das Lächerliche, hinüber zu uns nach Europa."[2] Nicht aller US-Import ist lächerlich. Aber richtig ist: „Alles beginnt in Amerika, dem Hort der Moderne im 20. Jahrhundert und kühlt auf der Atlantik-Reise kaum mehr ab, bevor es auf dem europäischen Tisch landet", schreibt Josef Joffe und berichtet aus den USA: „alles muss genderneutral sein".[3] Gemeint ist die sog. Gendersprache, kurz formuliert: das Gendern, ein aktuelles Thema teilweise hitziger und anscheinend endloser Auseinandersetzungen. Worum geht es?

Ausgangspunkt ist der inzwischen wohl unzählige Male zitierte Satz von Simone de Beauvoir (in deutscher Übersetzung): „Man wird nicht

---

[1] Dazu *Josef Joffe*, Unmittelbar zu Gott. Amerika ist das Land der Extreme. Das hat auch mit der Religion zu tun, in: NZZ v. 29.03.2022, S. 31.

[2] *Leon de Winter*, Er durchdringt den Dschungel der Hysterie und Selbsttäuschung, in: NZZ v. 25.05.2022 Internationale Ausgabe S. 9.

[3] *Josef Joffe*, Wenn Moralismus zur Staatsräson wird. Einst verfügten totalitäre Staaten, was gesagt und gedacht werden darf. In der Demokratie ist es umgekehrt, in: NZZ v. 15.06.2021, S. 32.

als Frau geboren, sondern man wird zur Frau gemacht." Wer diesem Gedanken folgt, kommt zu der Schlussfolgerung: „Es gibt kein biologisches Geschlecht (sex), sondern nur noch ein sozial und kulturell zugeschriebenes Geschlecht (gender)."[4] Unter der Überschrift „Das Geschlecht ist irrelevant geworden" fasst der Soziologe und Sprecher des Sonderforschungsbereichs Humandifferenzierung an der Universität Mainz Stefan Hirschauer die Entwicklung von „Formen der Geschlechtsklassifikation" in den „uns bekannten Gesellschaften" dahin zusammen: „Indem sie Geschlechtskategorien und -kriterien, Eigenschaftszuschreibungen und Verhaltenserwartungen für ihre Geschlechter entwickelten, bringen sie die kulturelle Tatsache namens Gender hervor."[5] Im Zusammenhang mit Transgender sieht Hirschauer „viele Kategorien auf der Suche nach identifikationswilligen Sinnsuchern und Sinnsucherinnen zwischen den Standardgeschlechtern, etwa „Gender-Fluide", „Nicht-Binäre", „Agender", „Bigender" und viele mehr."[6]

Die Worte „Gender" und „Gendern" werden inzwischen darüber hinaus mit vielfältigen Begriffsinhalten verwendet, oft auch in Kombination mit einem anderen Begriff, vor allem dem des „Gap" (übersetzt: Kluft, Lücke, Benachteiligung). Beispiele sind in Bezug auf ungleiche Bezahlung der „Gender-Pay-Gap", in Bezug auf ungleiche Renten der „Gender-Pension-Gap".[7] Eine ausgewogene Einladung von Musikerinnen auf Festivals läuft unter „Gender-Balance". Bundesaußenministerin Annalena Baerbock äußerte auf einer Feminismus-

---

[4] *Hanna-Barbara Gerl-Falkowitz*, Fließende Identität? Ein Blick auf Gender, zit. bei *Wolfgang Leisenberg*, Der dunkle Schatten der Aufklärung, in: Werner Reichel (Hg.), Genderismus. Der Masterplan für die geschlechtslose Gesellschaft, 3. Aufl. Wien, 2021, S. 29 ff. (S. 34).

[5] *Stefan Hirschauer*, Das Geschlecht ist irrelevant geworden. Warum soll man Frauen und Männer, die man in fast allem Wesentlichen für gleich hält, ein Leben lang unterscheiden? Diese Mystifikation ist längst überholt, in: FAZ Nr. 90 v. 19.04.2022, S. 14.

[6] *Stefan Hirschauer* (Anm. 5).

[7] Erwähnt bei *Karin Jurezyk*, Gleichstellung? Von wegen! Achtstundentag als Norm, Sorgearbeit als Sonderfall – Dieser Koalitionsvertrag bricht keine alten Rollenbilder auf, in: Die Zeit Nr. 52 v. 16.12.2021, S. 47, mit der kritischen Bewertung, „dass der große Wurf im Koalitionsvertrag nicht gelungen ist. Wie mit diesen Vorschlägen in diesem Jahrzehnt Gleichstellung zu erreichen ist, bleibt rätselhaft."

I. Gendern: Herkunft und Inhalt

Konferenz im Auswärtigen Amt, es gehe darum, „von Anfang an den Genderblick in Ressourcen und Köpfen zu verankern". Sexualisierte Gewalt in Form von Kriegsverbrechen, aber auch als häusliche Gewalt, wird neuerdings auch als „genderbasierte Gewalt" bezeichnet.[8] „Misgendern" bedeutet laut „Queer-Lexikon", „dass eine Person einem falschen Geschlecht zugeordnet und/oder über sie mit dem falschen Pronomen geredet wird".

Unter „Gendern" wird demgegenüber üblicherweise die „Nutzung sogenannter gendergerechter Sprache" verstanden[9], konkreter: „das Sichtbarmachen oder Auslöschen bestimmter Geschlechter aus dem Sprachgebrauch."[10]

Kritisch konnotiert sind die Ausdrücke „Genderwahn" und „Gender-Besessenheit".

---

[8] *Ewa Trutkowski*, Vom Gendern zu politischen Rändern! Aus sprachwissenschaftlicher Sicht spricht vieles gegen geschlechtergerechte Formen. Nüchterne Hinweise versachlichen die Debatte, in: NZZ v. 23.07.2020 Internationale Ausgabe S. 16.

[9] Siehe *Tobias Schrörs*, Im Krieg vergewaltigt, in: FAZ Nr. 97 v. 27.04.2022, S. 3.

[10] *Judith Sevinç Basad*, Von Steuer*innenzahlern und Rassisten. Sprache ist fliessend. Aber beim Gendern handelt es sich nicht um einen natürlichen Sprachwandel, sondern um eine politische Agenda, die durchgesetzt werden soll, in: NZZ v. 26.05.2021 Internationale Ausgabe S. 16.

II. Beweggrund für Sprachaktionismus

Der Beweggrund dieses Sprachaktionismus wird mit dem Bestehen auf „geschlechtergerechter Sprache", „geschlechterneutraler Sprache" oder „geschlechterbewusster Sprache" erklärt. Alle diese Forderungen gehen weit über das hinaus, was man als geschlechtersensible Sprache verstehen würde. Bei Sensibilität geht es um einen Sprachgebrauch, der Anstand, Höflichkeit, Rücksichtnahme und gute Sitten beachtet, kurz – um ein in der Politik heute wieder instrumentalisiertes Wort zu verwenden: – um Respekt. Zum inzwischen ziemlich allseitig anerkannten Postulat solcher Sensibilität hat Daniel Deckers in seinem Beitrag „Der Preis der Geschlechtergerechtigkeit" zutreffend festgestellt: „Dass Sprache geschlechtersensibel gebraucht werden soll, ist mittlerweile weithin unstrittig."[11] Als ein bekanntes Beispiel für eine Nichtmehrverwendung kann das Wort „Fräulein" genannt werden, das bis Ende der sechziger Jahs des vorigen Jahrhunderts absolut gebräuchlich war, dann aber – in diesem Fall durch einen echten und begrüßenswerten Sprachwandel – gewissermaßen aus dem Verkehr gezogen wurde: Man sagt doch auch nicht „Herrlein" war ein geflügeltes Wort im Feminismus. In der Tat hatte die Bezeichnung für eine unverheiratete (oft: jüngere) Frau mit der Endsilbe „…lein" etwas Geringschätziges an sich, ähnlich wie im Weihnachtslied die Zeile „Ihr Kinderlein kommet…". Die – im Übrigen in der Sache unberechtigte – Kritik des Weltärzteverbandspräsidenten Frank Ulrich Montgomery an den „kleinen Richterlein" des Oberverwaltungsgerichts Lüneburg[12], ist noch in unguter Erinnerung.

Über bloße Unsensibilität gehen sexistische Sprüche in Gegenwart von Frauen – oder sogar an diese adressiert – hinaus. Zu Recht wurde deshalb die in Gegenwart der Flugbegleiterinnen auf einem Flug von Frankfurts damaligen Oberbürgermeister Peter Feldmann in das

---

[11] *Daniel Deckers*, Der Preis der Geschlechtergerechtigkeit, in: FAZ Nr. 118 v. 25.05.2021, S. 1.

[12] Dazu *Christian Geyer*, Montgomery, in: FAZ Nr. 2 v. 04.01.2022, S. 9.

II. Beweggrund für Sprachaktionismus

Bordmikrofon gesprochene Äußerung, die Flugbegleiterinnen hätten ihn „hormonell am Anfang erst mal außer Kraft gesetzt", als mehr als peinlich empfunden.[13] Mehr als unsensibel – jedenfalls indiskret – war auch die Frage eines Interviewers an die Schweizer Fernsehmoderatorin Nicole Berchtold: „Wann hatten Sie das erste Mal Sex?" (schlagfertige Antwort der Befragten: „Keine Ahnung. Es war anscheinend nicht so prägend, dass ich es mir gemerkt hätte").[14]

Nachdem das „Fräulein" die Sprachlandschaft verlassen hatte, herrschte an dieser Front eine gewissen Ruhe, was Bewegungen in einzelnen Sprachfeldern nicht ausschloss, insbesondere die Verbreitung von Anglizismen im „Marketing" (z. B. „for sale"; „coffee to go"; „BMW-Group").[15] Zu erwähnen ist auch die Dominanz des Englischen in den europäischen Institutionen, gegen die der französische Staatspräsident Macron ein engagiertes Plädoyer (mit Hinweis auf den Wert der Mehrsprachigkeit in Europa) gehalten hat.[16] Auch die Académie française und das französische Kulturministerium kritisieren mit dem Argument „Verständisbarrieren" den Gebrauch von Anglizismen.[17] Global verbreitet ist die Fachsprache der digitalen Medien mit ihren zahlreichen technischen Wörtern – für viele alte Menschen, auch wenn sie nicht doof sind – „eine Art Geheimsprache".

---

[13] Zitiert bei *Michael Rasch*, Ein Oberbürgermeister zum Schämen. Das Frankfurter Stadtoberhaupt im Bann von Korruptionsvorwürfen, Pokal-„Klau" und Sexismus, in: NZZ v. 27.05.2022 Internationale Ausgabe S. 4.

[14] Zitiert in: Das indiskrete Interview. Nicole Berchtold, Moderatorin. Die Glamour-Garantin des Schweizer Fernsehens findet, dass es noch mehr Bundesräte bräuchte. Angst machen ihr sture Menschen; an ihr erstes Mal kann sie sich nicht erinnern, in: Die Weltwoche Nr. 5 v. 03.02.2022, S. 86.

[15] Zum „Anglizismen-Index" s. *Barbara Klingbacher*, Die Fremdwortjäger. Warum sagen wir „Augenblick" für Moment, aber nicht „Selbstverkäufer" für Automat? Und werden wir den Smoothie bald „Vollfruchtsaft" nennen? Eine kurze Reise durch die lange Geschichte der Verdeutschung, in: NZZ Folio Nr. 354 v. März 2022, S. 57 ff.

[16] Dazu *Jürgen Trabant*, Oh, wie schön ist Babylon. Präsident Macron beim Wort genommen: Frankreich erkennt die Mehrsprachigkeit als Europas unerhörte Chance, in: FAZ Nr. 132 v. 09.06.2022, S. 11.

[17] *Kevin Capellini*, Französische Sprachwächter gehen gegen Anglizismen vor, in: NZZ v. 14.06.2022 Internationale Ausgabe S. 14.

III. Die Veränderung der Sprache

Eine ungleich stärkere Veränderung (Kritiker sagen: Manipulation[18]) der deutschen Sprache erfolgte mit der Einführung der Gendersprache, „die eigentlich gendergerechte Sprache heißen sollte"[19]; im Folgenden wird der Kürze halber der Ausdruck „Gendersprache" oder „Gendern" verwendet. Doris Mathilde Lucke, Professorin für Soziologie mit den Schwerpunkten Akzeptanzforschung, Rechtssoziologie, Gender Studies, Familiensoziologie und private Lebensformen sowie Sozionik, hat in einem Interview, die Gendersprache befürwortend, zutreffend zum Ausdruck „Gendern" die Frage gestellt: „Warum gibt es dafür eigentlich kein deutsches Wort? Das ist, finde ich, schon für sich genommen bezeichnend."[20] Doris Mathilde Lucke beantwortet jedoch die Frage nach der Intention des Genderns, nämlich dahin, dass es für Frauen nicht ausreiche, wenn sie mitgemeint seien, sondern „wir wollen eben ausdrücklich mitbenannt werden, genannt und direkt angesprochen! Und nicht mitgemeint."[21]

Wenn von der Gendersprache im Singular gesprochen wird, so bedarf es einer Klarstellung: Die Gendersprache artikuliert sich in verschiedenen (also: mehreren) Formen, was bedeutet, dass eigentlich mehrere Gendersprachen existieren; allen Gendersprachen gemeinsam ist, dass sie den Gebrauch ausschließlich maskuliner oder überhaupt

---

[18] Bsp.: „Es sind Hypermoralische Ansprüche, etwa …bei dem Anspruch, die deutsche Sprache durch Genderauflagen manipulieren zu müssen" (*Christian Bergner* [Leserbrief], in: FAZ Nr. 45 v. 23.02.2022, S. 18).

[19] *Josef Bayer*, Wir treiben das Wort in den Wahnsinn. Verfechter der gendergerechten Sprache begehen aus linguistischer Sicht ein paar fundamentale Denkfehler, in: NZZ v. 10.04.2019, S. 39.

[20] „Sprache interessiert Viele nicht." Kaum ein Kampf wird so hartnäckig ausgetragen wie der um gendersensible Sprache. Doch was bringt sie wirklich? Und warum sind die Beharrungskräfte von Gender-Gegnern so stark? Gespräch von Doris Mathilde Lucke mit Julia Bähr und Johanna Dürrholz, in: FAZ Magazin Dez. 2021, S. 46.

[21] A.a.O. (Anm. 20), S. 47.

III. Die Veränderung der Sprache

geschlechtsbezogener Ausdrücke ersetzen mit dem Ziel, sprachliche Diversität herzustellen. Die zwei verschiedenen Hauptformen der harten Gendersprache sind die Wortveränderungen und die Verwendung von sog. Sonderzeichen.

1. Bei der Wortveränderung wird ein bisher gebräuchliches Wort aus dem (Sprach-)Verkehr gezogen und durch ein sprachneutrales (oder auch: politisch korrektes) Wort ersetzt. Das bisher übliche Wort wird gewissermaßen boykottiert. Der dem Gendern geschuldete Boykott trifft z. B. Worte mit der Endsilbe „...er", aber nicht nur diese; denn auch „Studenten" darf es nicht mehr geben, sondern nur „Studierende" (dass beide Ausdrücke inhaltlich nicht identisch sind, spielt für Gendernde keine Rolle).[22] Die frühere Gleichstellungsbeauftragte des Landes Schleswig-Holstein forderte, anstelle des Wortes „Rednerpult" das Wort „Redepult" zu verwenden, um nur ein Beispiel von vielen zu nennen. In dem vom „Referat für Gleichstellung" der Universität Konstanz herausgegebenen geschlechtergerechten Glossar werden aus „Besuchern" „Besuchende" oder „Gäste", aus „Preisträgern" werden „Preistragende", aus „Sprechern" werden „Sprechende". Josef Bayer, der diese Beispiele erwähnt, merkt dazu zutreffend an: „Dass hierbei völlig andere und teilweise krass inadäquate Lesarten entstehen, scheint keine Rolle zu spielen. Mit „Sprecher" meint man bekanntlich jemanden in einer administrativen Funktion und keine Person, die gerade redet; bei „Sprechender" ist es gerade umgekehrt."[23] Sogar dem Wort „Mutter", einem ur-weiblichen Wort, wird von Gender-Aktivisten der sprachliche Artenschutz verweigert: In einer Debatte im Züricher Stadtparlament zum Mutterschaftsurlaub wurde dieser Ausdruck als „rückwärtsgewandt" und „nicht inklusiv" kritisiert, mit der Begründung, dass insbesondere Transmenschen sich damit nicht identifizieren könnten. SP, Grüne und AL forderten eine „gendergerechte Ansprache". In dem Text der diskutierten Verordnung zum bezahlten Mutterschaftsurlaub und in den dazu erlassenen Ausführungsbestimmungen solle eine „durchgehend inklusive Terminologie" verwendet

---

[22] Zu den „besonders gendersensiblen substantivierten Partizipien" zutreffend kritisch die Glosse von *tifr*, Gendersensibel, in: FAZ Nr. 139 v. 18.06.2022, S. 2, mit Hinweis auf die skurrile Aussage zur NRW-Wahl „Viele andere Wählende blieben diesmal zuhause" in einem Zeit-Online-Artikel.

[23] *Josef Bayer* (Anm. 19).

werden, welche „der Vielfalt der Geschlechtsidentitäten und Beziehungsformen gerecht wird".[24]

Hinter dem Stadtparlament in Zürich will die dortige Stadtverwaltung nicht zurückstehen. Ein von der Stadtverwaltung herausgegebenes Manual zum Reglement für die sprachliche Gleichstellung in Texten der Stadtverwaltung „soll sicherstellen, dass neben Frauen und Männern auch Trans- und nonbinäre Personen berücksichtigt werden".[25] Das Manual begründet die geschlechtsneutrale Adressierung u. a. so: „Die sprachlich und kulturell dominante Aufteilung von Personen in ‚Männer' und ‚Frauen' führt dazu, dass wir diese Kategorien oft als selbstverständlich voraussetzen, ohne darüber nachzudenken, ob sie in der konkreten Situation angemessen sind."[26] Weil, wie der Sprecher des Präsidialdepartements beklagt, es „nicht immer möglich gewesen sei, nonbinäre Personen korrekt anzusprechen und einzubeziehen",[27] wird also nun per Genderstern gegendert.

Die Debatte im Züricher Stadtparlament mit der Forderung nach Ersetzung des Wortes „Mutterschaft" erinnert an den Druck von Transgender-Aktivisten in den USA und in England, demzufolge die Formulierung (übersetzt) „die Mutter von" nunmehr lauten soll „das Elternteil von".[28] Die Wortänderung macht dabei nicht bei „Mutter" halt, sondern missbilligt sogar auch das Wort „Frau". Auf dem Hintergrund der von Judith Butler in ihrem Buch „Gender Trouble"[29] vertretenen Annahme des Frauseins als „soziales Konstrukt" wird von den Transgender-Aktivisten behauptet, „die Bezeichnung ‚Frau' nur für

---

[24] Alle Zitate aus *Daniel Fritzsche*, Streit um gendergerechte Sprache in Zürich. Ist der Begriff „Mutter" diskriminierend?, in: NZZ v. 04.12.2020, S. 20.

[25] Zitiert in dem Bericht *Heu*, Stadtverwaltung führt Genderstern ein. Texte sollen auch Trans- und nonbinäre Personen berücksichtigen, in: NZZ v. 09.06.2022, S. 11.

[26] Bericht (Anm. 25).

[27] Zitiert in Bericht (Anm. 25).

[28] Zitate bei *Sarah Pines*, Es bleiben ein paar Tropfen Blut. Männer können Frauen werden. Aber sind sie dann Frauen? Und was bleibt der Frau, wenn alle Frau sein dürfen?, in: NZZ v. 15.01.2022, S. 40.

[29] *Judith Butler*, Gender Trouble, New York 1999. Interessant der Fall des Grünen-Mitgliedes David Allison vom Kreisverband Reutlingen, der mit der Begründung er sei eine Frau für einen der weiblichen Listenplätze kandidierte; dazu *Thomas Thiel*, Bin dann mal Frau. Gender trouble bei den Grünen, in: FAZ Nr. 223 v. 25.09.2021, S. 13.

Frauen offenzuhalten, die als solche geboren wurden, sei deshalb potenziell diskriminierend"[30]. Auf Formularen und im öffentlichen Diskurs werde deshalb die Kategorie „Frau" zunehmend durch den Begriff „menstruierende Person" ersetzt.[31]

2. Anders als bei der oben dargestellten Variante des Genderns wird bei deren härtester Variante nicht lediglich der Gebrauch von einzelnen Wörtern durch den Gebrauch anderer Worte ersetzt, sondern es werden Worte selbst verändert. Diese Variante des Genderns führt also dazu, dass ein neues künstliches Wort geschaffen wird, für das übliche (= gebräuchliche) Worte nur als Bausteine dienen, verbunden durch sog. Sonderzeichen. Erscheinungsformen der Wortstrukturen verändernden Sonderzeichen sind die Schrägstrich-Lösung, das große Binnen I, der Binnendoppelpunkt, der Unterstrich (auch Gendergap genannt) und der Genderstern (Asterisk). Exemplifiziert am Wort „Leser" wäre dies in der Gendersprache (präziser formuliert: in den Gendersprachen) „Leser/Leserin", „LeserInnen", „Leser:innen", „Leser_innen" und „Leser*innen".[32] Bei gesprochenem Wort wird der sog. „Glottisschlag" praktiziert, d. h. „ein Verschluss der Stimmlippen, der bei seiner Lösung ein Geräusch erzeugt"[33] (auch „Kehlkopfverschlusslaut" oder „Knacklaut" genannt[34], wahrzunehmen als eine Kunstpause). Eine völlige sprachliche Negierung der Existenz verschiedener Geschlechter in Form der x-Lösung (also z. B. für Leser oder Leserin: „Lesx") ist bisher nur ein Vorschlag geblieben;[35] aus der Praxis bekannt ist immerhin das Beispiel einer Person, die an der Humboldt-Universität zu Berlin eine Professur für Gender Studies innehat, die

---

[30] Zitiert bei *Sarah Pines* (Anm. 28).

[31] Zit. bei *Sarah Pines* (Anm. 28).

[32] Zum Beispiel das Wort „Leser" in gegenderter Form s. *Tobias Becker*, Dresscode für die Sprache. Zeitgeist: Wie lassen sich Texte geschlechtergerecht formulieren? Das Gendersternchen wird zum Symbol mit identitätsbildender Kraft, in: Der Spiegel Nr. 48 v. 24.11.2018, S. 130; auch *Edo Reents*, Das Deutsche in der Welt. Nichtmuttersprachler und das Gendern, in: FAZ Nr. 116 v. 21.05.2021, S. 11.

[33] *Helmut Glück*, Das generische Maskulinum wird man nicht einfach los. Ein juristisches Gutachten rechtfertigt das Gendern – linguistisch ist es komplizierter, in: FAZ Nr. 4 v. 06.01.2021, S. 6 (dort auch zur sog. „kleinen Pause").

[34] Dazu *Wilfried Kürschner*, Mit dem Knacklaut zum Gender-Sternchen (Leserbrief), in: FAZ Nr. 284 v. 06.12.2018, S. 7.

[35] Erwähnt bei *Tobias Becker* (Anm. 32).

weder als „Herr" noch als „Frau" angesprochen werden möchte, sondern mit „Sehr geehrtx Profx".[36]

Eine echte Veränderung der Sprache hat dagegen bei der Ablösung französischer Wörter im Austausch mit englischen stattgefunden. Aus dem seriös, aber eben altmodisch klingenden „Bankier" ist der saloppe „Banker" geworden. „Adieu" hat sich weitgehend verabschiedet. Kein neues Wort, aber ein neuer Sprachgebrauch betrifft die auch unter Erwachsenen im Vordringen befindliche Verbreitung des Duzens. Das bisher kumpelhaft gebrauchte „Du" gegenüber „Untergebenen" (ein heute kaum noch gebrauchtes Wort) oder das eher geringschätzig verwendete „Du" gegenüber Menschen mit anderer Hautfarbe ist heute sogar im Schriftverkehr von Unternehmen mit ihren Kunden gelegentlich zu finden.

---

[36] Zitiert bei *Tomas Kubelik*, Wie Gendern unsere Sprache verhunzt, in: Werner Reichel (Anm. 4), S. 201 ff. (S. 218).

IV. Das Märchen vom Sprachwandel

Worin liegt der Ursprung dieses relativ neuen Phänomens Gendersprache? Den Schlüssel hierfür sehen die Genderaktivisten in einem Wandel der Sprache – einem Argument, das von Kritikern der Gendersprache entschieden abgelehnt wird. Was ist Sache? Unbestreitbar ist zunächst, dass Sprache kein unveränderlicher Betonklotz ist, sondern im Laufe der Zeit durchaus auch Veränderungen erfährt.[37] Martin Luthers Sprache seiner Bibelübersetzung weist für heutige Leser Eigentümlichkeiten auf. Aus neuerer Zeit ist der Nichtmehrgebrauch des Wortes „Fräulein" bereits erwähnt; auch das N-Wort ist zu Recht außer Gebrauch gekommen. Zur Ächtung der Bezeichnungen „Mohrenstraße", „Mohrenapotheke", „Café zum Mohren", „Mohrenkuss" u. ä. sind inzwischen zahllose Stellungnahmen pro und contra erschienen, nicht nur in Deutschland, sondern auch in der Schweiz.[38]

Hinsichtlich des internationalen Sprachgebrauchs ist ein Hinweis des mit Haiti vertrauten Schriftstellers Hans Christoph Buch interessant: Als er in einer Diskussion das N-Wort benutzte, verbunden mit der Information, dass dieses Wort in Haiti in der kreolischen Sprache „Mensch" bedeutet, wurde er trotzdem angefeindet und deshalb ausgeladen.[39] Aus den USA kommt die neue Praxis, die schwarze Hautfarbe groß zu schreiben („Black …"; „Black Lives Matter"), was

---

[37] Grundlegend und ausführlich zum Thema Sprachwandel: *Sascha Bechmann*, Sprachwandel – Bedeutungswandel, Tübingen 2016.

[38] Zu einem diesbezüglichen Fall in der Schweiz s. *Urs Bühler*, Die Migros tilgt das M-Wort", in: NZZ v. 13.06.2020 Internationale Ausgabe, S. 25 betr. Herausnahme des Produkts „Mohrenkopf" aus dem Sortiment; s. auch *ders.*, Rassismus bahnt sich seinen Weg in Köpfen, nicht im Lexikon. Die Tilgung des Begriffs „Mohr" von alten Zürcher Hausinschriften sagt wenig über unseren heutigen Umgang mit diskriminierenden Elementen aus. Sehr wohl aber etwas über eine Debattenkultur, die Humor und Zwischentöne unterdrückt, in: NZZ v. 28.05.2021 Internationale Ausgabe S. 13.

[39] Hans *Christoph Buch*, Blinde Wahrheiten über den Zorn von „Woke", in: NZZ v. 19.03.2022 Internationale Ausgabe S. 16.

umgekehrt (nicht nur) weiße Radikale bewegt, Gleiches in Bezug auf weiße Hautfarbe zu praktizieren. In Deutschland beginnt das Editorial einer Publikation der Bundeszentrale für politische Bildung zum Thema „Schwarz und Deutsch" mit dem Satz: „Heute leben rund eine Million Schwarze, afrikanische und afrodiasporische Menschen in Deutschland..."; noch deutlicher in dem späteren Satz: „An den Höfen der deutschen Feudalaristokratie in der Frühen Neuzeit galten Schwarze Bedienstete als exotische Statussymbole."[40] Klug ist jedenfalls die Überzeugung der in Südafrika geborenen Malerin Marlene Dumas, Schwarz und Weiß seien Farben und nicht Rassen.[41]

Erwägungen, den im Grundgesetz in Art. 3 Abs. 3 Satz 1 enthaltenen Ausdruck „Rasse" aus dem Text der Verfassung („Niemand darf wegen ... seiner Rasse ... benachteiligt oder bevorzugt werden") zu eliminieren[42], haben sich nicht durchgesetzt. Andererseits haben die rasante Verbreitung der digitalen Kommunikation (Stichwort: Internet), die Globalisierung der Wirtschaft- und Finanzmärkte, schließlich aber auch die coolen Gesprächsfetzen der Sprache unter Jugendlichen[43] den deutschen Sprachschatz mit zahlreichen, für ihn bis dato neuen Wörtern und Sprachwendungen ergänzt, kurz: ihn modernisiert und internationalisiert.

Auf einem ganz anderen, damit nicht vergleichbaren Blatt steht dagegen die Einführung der Gendersprache. Soweit diese von den Genderaktivisten mit einem (angeblichen) Sprachwandel begründet wird, ist darauf hinzuweisen, dass Sprachen sich nicht von selber ändern, sondern von ihren Sprechern mit Absicht verändert werden.[44]

---

[40] *Julia Günther*, Editorial, in: Schwarz und Deutsch. APuZ 72. Jg. 12/2022 v. 21.03.2022, S. 03.

[41] Zitiert bei *Philipp Meier*, Das Leben kennt keine Tabus. Marlene Dumas, die Grande Dame der Malerei, feiert im Palazzo Grassi in Venedig das unzulängliche Wesen Mensch, in: NZZ v. 25.05.2022 Internationale Ausgabe S. 8.

[42] Dazu *Elisabeth Kaneza*, Black Lives Matter: Warum *Rasse* nicht aus dem Grundgesetz gestrichen werden darf, RuP 2020, S. 536 ff.; *Christian Geulen*, ‚Rasse', Rassismus und Antirassismus. Historische Anmerkungen zum Rassebegriff in Art. 3 GG, RuP 2020, S. 252 ff.; *Uwe Kischel*, Rasse, Rassismus und Grundgesetz, AöR 2020, S. 227 ff. Zum sog. Strukturellen Rassismus. *Andreas Nitschke*, „Struktureller Rassismus" in der Beamtenschaft, in: ZRP 2022, 91 ff.

[43] Jargon unter Jugendlichen ist bekannt.

[44] So zutreffend *Peter Jakubow*, Weder lebendig noch tot (Leserbrief), in: FAZ Nr. 267 v. 16.11.2021, S. 6.

IV. Das Märchen vom Sprachwandel

Zu hart ist wohl das – immerhin von einem Linguisten – geäußerte Urteil: „Mit natürlichem Sprachwandel hat Gendersprache nicht das Geringste zu tun; denn Sprachen wandeln sich niemals in Richtung Unfug."[45] Zutreffend ist aber die Feststellung desselben Autors, „dass die Gendersprache keine aus der Sprache selbst hervorgehende Evolution darstellt, sondern ein von außen aufgesetztes Reförmchen".[46] In der Tat handelt es sich bei der Einführung des Genderns nicht um eine zeitbedingte Innovation, sondern um eine oktroyierte Sprachregelung; denn: „Hier wandelt sich die Sprache nicht, sondern sie wird gewandelt durch politischen und institutionellen Druck von oben. Während Verwaltungen ihren Mitarbeitern das Gendern einfach vorschreiben, beschränken sich die Universitäten in der Regel auf freundliche Empfehlungen, „die aber tunlichst befolgen sollte, wer seine Noten oder seine akademische Karriere nicht gefährden will".[47] Kennzeichnend für das Gendern sind also „Druck von oben" und „politische Agenda", zusammengefasst von der Journalistin und Publizistin Judith Sevinç Basad in dem Leitsatz „beim Gendern handelt es sich nicht um harmlose Ausdrücke, die neu auftreten, sondern um eine politische Agenda, die – wenn möglich – von oben durchgesetzt werden soll, um moralisch zu erziehen".[48] Didi Hallervorden hat auf die Bemerkung: „Momentan wenden Sie sich ja gegen Entwicklungen in der Gesellschaft wie das Gendern, die Sie als absurd empfinden", geantwortet: „Vor lauter „Political Correctness" weiß ich schon gar nicht mehr, welchen verbalen Slalom ich durchkurven muss, um alle Fettnäpfchen zu umrunden. Was dieses unsägliche Gendern anbelangt: Wie kommt eine politisch motivierte Minderheit dazu, einer Mehrheit vorschreiben zu wollen, wie wir uns in Zukunft auszudrücken haben? Die deutsche Sprache als Kulturgut gehört uns allen. Keiner hat ein Recht, darin herumzupfuschen. Sprache entwickelt sich von allein, aber nicht auf Druck von oben. Gendern ist – wie ein weiser alter Mann wie Joachim Gauck sagte – ‚betreutes Sprechen'. Ich und viele mit mir brauchen

---

[45] *Josef Bayer* (Anm. 19).
[46] *Josef Bayer* (Anm. 19).
[47] *Wolfgang Krischke*, Sprachplanung im Großformat. Anders, als ihre Fürsprecher meinen, ist Gendersprache kein Produkt natürlichen Sprachwandels, sondern ein historisch einzigartiger technokratischer Eingriff, in: FAZ Nr. 39 v. 16.02.2022, S. N 4.
[48] *Judith Sevinç Basad* (Anm. 10).

keine Erziehung zur Sensibilität."[49] Bagatellisierend ist jedenfalls die Attitude der Verwaltung der Ludwig-Maximilians-Universität München, wenn sie die Bereitschaft erwartet, sich für die gerechte Sache „von ein paar bestehenden Formulierungsgewohnheiten zu verabschieden und mit der Sprache bewusst und kreativ umzugehen".[50] Wer dem nicht folgt, so muss man diese Erwartung verstehen, verweigert sich einer „gerechten Sache".

---

[49] *Didi Hallervorden*, s. auch Notiz Dieter Hallervorden wettert gegen das Gendern, in: FAZ Nr. 271 v. 20.11.2021, S. 9: „Bürokratendeutsch".

[50] Zitiert bei *Wolfgang Krischke* (Anm. 47).

V. Erziehung, Bevormundung, Druck

Erziehung, Bevormundung, Druck von oben, sei es auch nur Anpassungsdruck, sind das Attribute, die das Gendern bestimmen oder ihm zumindest anhaften? Die bejahende Antwort ergibt sich aus den von Stadtverwaltungen und von Hochschulverwaltungen herausgegebenen „Leitfäden" und „Handreichungen", mit denen Gebote des Genderns ausdrücklich und nachdrücklich vorgegeben werden; besonders deutlich wird der Druck von oben, wenn eine Stadtverwaltung – wie die von Hannover – das Gendern in einer „verbindlichen Empfehlung" ihren Beschäftigten nahelegt. Die Stadtverwaltung von Hannover ist nicht die einzige Behörde, die sich für das Gendern stark macht. Aus Mönchengladbach wird berichtet, dass die Stadt in der Neufassung ihrer Allgemeinen Geschäftsanweisung den Genderleitfaden als Grundlage für den amtlichen Schriftverkehr festlegen will.[51] In Berlin hat die beim Senator für Justiz, Verbraucherschutz und Antidiskriminierung ressortierende „Landesstelle für Gleichbehandlung – gegen Diskriminierung" schon im Jahr 2020 als Teil eines „Diversity-Landesprogramms" einen 44seitigen Leitfaden für Mitarbeiter der Berliner Verwaltung unter der Überschrift „Vielfalt zum Ausdruck bringen" beschlossen.[52] Die darin enthaltenen Sprachregelungen und deren Begründungen sind zum Teil nur schwer nachvollziehbar, so, wenn z. B. die Wörter „Roma" und „Sinti" durch die Wortschöpfungen "Rom*nja" und „Sinti*zze" als sog. „geschlechterinklusive Selbstbezeichnung" ersetzt werden sollen, oder wenn die Worte „Asylbewer-

---

[51] Bericht Offener Brief an Mönchengladbachs Oberbürgermeister. Gendern ist eine Nebelkerze, in: Sprachnachrichten Nr. 94 (II/2022), S. 2. Ausführlich und präzise zum Thema Gendergerechtigkeit im Handlungsbereich der Gemeinden *Jan Seybold*, Politische Korrektheit im kommunalen Alltag – Zeitgeist, Notwendigkeit oder Provokation?, in: 8. Niedersächsischer Kommunalrechtskongress. Tagungsband, Hamburg 2019, S. 73 ff. (S. 76 ff.).

[52] Ausführlich hierzu (auch mit den zitierten Beispielen) *Norman Hanert*, Aus „illegal" wird „irregulär". Sprachleitfaden: Berliner Behörden sollen künftig „diversitysensibel" formulieren, in: PAZ Nr. 40 v. 02.10.2020, S. 5.

berin" und „Asylbewerber" als (angeblich „irreführend") nicht mehr verwendet werden sollen[53], „weil ein Grundrecht auf Asyl besteht: d. h. Menschen bewerben sich nicht um Grundrechte, sondern haben sie einfach." In Wahrheit gibt es Tausende von Asylbewerbern, deren Gesuch um Asylgewährung abgelehnt wird, weil die gesetzlichen Voraussetzungen nach dem Grundgesetz (Art. 16 a) und dem Asylverfahrensgesetz nicht vorliegen. Abwegig ist schließlich der Vorschlag, das Wort „Flüchtling" durch „Geflüchtete" oder „Schutzsuchende" zu ersetzen. Der Verfasser dieser Zeilen, selbst ein Flüchtlingskind aus der Zeit des Zweiten Weltkrieges, hat jedenfalls das Wort „Flüchtling" – anders als die Verfasser des Berliner Senatsleitfadens – nie als „stark negativ besetzt" empfunden. Diejenigen meiner Schulkameraden, die aus den ehemaligen deutschen Ostgebieten stammten, und ich, waren eben Flüchtlinge – sowohl nach unserem Selbstverständnis wie nach dem allgemeinen Sprachgebrauch.[54] Punkt.

Zurück zum Gendern: Bonn ist nicht Berlin, aber in Bezug auf die Gendersprache eifert die Stadtverwaltung der ehemaligen Hauptstadt der Bundesrepublik der neuen Hauptstadt durchaus nach.[55] In dem Leitfaden „Geschlechtergerechte Sprache in der Stadtverwaltung Bonn" wird darauf hingewiesen, dass die Stadt Bonn nicht „Arbeitgeber", sondern „Arbeitgeberin" sein will, und dass „Migranten" künftig Migrant*innen" oder „Personen mit Migrationshintergrund" sein sollen (letztere Bezeichnung soll in Berlin aufgrund eines Senatsbeschlusses von 2020 ersetzt werden durch „Menschen mit internationaler Geschichte"). Weitere – geradezu absurde – Beispiele gegenderter Sprache finden sich in dem von der Bonner Stadtverwaltung empfohlenen „Genderwörterbuch", zitiert in dem Beitrag „Sprachvorschriften. Der Zwang zum Gendern schadet allen",[56] etwa: „Aus dem Allgemeinmediziner wird die „Allgemeinmedizin praktizierende

---

[53] Als Alternativwörter werden in dem Leitfaden genannt: „Asylsuchende", „Schutzberechtigte" oder „geschützte Personen".

[54] Zutreffende Beurteilung der Kritik am Wort „Flüchtling" auch bei *Andreas Frey*, Raus mit der Sprache. Lässt sich die Welt ändern, indem man Wörter ändert?, in: FAZ Nr. 29 v. 19.07.2020, S. 53.

[55] Angaben zum Folgenden bei *Alexander Kissler*, Sprachvorschriften, Der Zwang zum Gendern schadet allen, in: NZZ v. 20.07.2022 Internationale Ausgabe S. 14.

[56] *Alexander Kissler* (Anm. 55).

Person", aus dem Astronauten die „ins Weltall reisende Person", aus dem Autor die „bücherschreibende Person", aus den Bildungsträgern die „Bildungstragenden" und aus den Fachwissenschaften „Fachforschende". Geradezu grotesk wirkt schließlich der empfohlene Wechsel vom Damenfahrrad zum „Fahrrad mit tiefem Einstieg"; Kurzkommentar dazu: Wenn das Wort „Dame" geächtet werden soll, was machen Männer und Frauen dann mit der Dame im Schachspiel und was wird aus der Kirche Notre-Dame? Im Vergleich mit den Bonner Spracheskapaden wirkt es geradezu harmlos, wenn die Stadt Gießen eine(n) „Mülllader*in" sucht.[57] Die Auswirkungen behördlich vorformulierter Gendersprache sieht der „Leitfaden für eine geschlechtergerechte Sprache der Stadt München" in bloßer Unbequemlichkeit, dies mit der Aussage: „Es ist immer unbequem, sich von Gewohnheiten zu verabschieden. Die gesellschaftliche Berücksichtigung der Frauen in der Sprache rechtfertigt aber den Aufwand".[58] Muss Mannheim umbenannt werden?

Interessant ist ein neuer Vorgang in Thüringen: Der Landtag hat im November 2022 einen Antrag der CDU-Fraktion mit der Überschrift „Gendern? Nein Danke!" angenommen, demzufolge die Landesbehörden in ihrer öffentlichen Kommunikation nicht gendern sollen. Ärgerlich an diesem Vorgang ist, dass der Antrag gegen die Stimmen von Rot-Rot-Grün und mit den Stimmen der AfD angenommen wurde, vor allem aber, dass es dieses Antrages überhaupt bedurfte.

---

[57] Zitiert bei *Burghard Gieseler*, Sprachverstöße ahndet die Gedankenpolizei (Leserbrief), in: PAZ Nr. 16 v. 18.04.2019, S. 20.
[58] Zitiert bei *Wolfgang Krischke* (Anm. 47).

VI. Hannover an der Leine einer Gutachterin

Aufwand leistete sich eine andere deutsche Großstadt in Bezug auf Gendern gleich mehrmals; die Rede ist von Hannover, das schon vor einigen Jahren die Anwendung geschlechtergerechter Sprache zur verbindlichen Norm in der Verwaltung erklärt hat.[59] Nach diesen verbindlichen Empfehlungen werden aus „Wählern" die „Wählenden" (was nicht identisch ist: Nicht alle im Wählerverzeichnis genannten Personen nehmen stets an der Wahl teil). Vermieden werden soll die Anrede „Sehr geehrte Damen und Herren", weil mit dieser Anrede sich Personen diskriminiert fühlen könnten, die sich „nicht als Frau oder Mann selbst beschreiben". Das Ziel der Vorgaben zur geschlechtergerechten Amtssprache erklärt Hannovers Oberbürgermeister Belit Onay (Bündnis 90 / Die Grünen) mit dem Satz: „Wir wollen mit der Anwendung der geschlechterumfassenden Sprache in der Stadtverwaltung Hannover sehr deutlich machen, dass wir jeden Menschen in der jeweiligen Geschlechtsidentität respektieren." Der Zweck heiligt die Mittel, ist eine häufig gebrauchte Redewendung; aber nicht jeder Zweck heiligt jedes Mittel. Auf die amtlichen Sprachvorgaben der Stadt Hannover hatte es, wie die Gleichstellungsbeauftragte der Stadt einräumte, „viel negatives Feedback gegeben". In der Tat wirft die Sprachregelung der Stadt Hannover – wie ähnliche Entscheidungen einiger anderer Stadtverwaltungen – neben anderen Fragen auch die nach der rechtlichen Zulässigkeit derartiger Regelungen auf. Zur Beantwortung dieser Frage hat die Stadt Hannover ein Rechtsgutachten in Auftrag gegeben; erstellt wurde das Gutachten von der an der Humboldt-Universität zu Berlin lehrenden Professorin für Öffentliches Recht & Geschlechterstudien Ulrike Lembke. Als Mitherausgeberin

---

[59] Hierzu und zum Folgenden: *Reinhard Bingener*, Gendern als verfassungsrechtliche Pflicht. Hannover hat gendergerechte Sprache in der Verwaltung angeordnet, nun liegt ein Rechtsgutachten vor, in: FAZ Nr. 293 v. 16.12.2021, S. 3.

eines Studienbuches „Feministische Rechtswissenschaft"[60] und mit den von ihr betreuten Forschungsschwerpunkten „unter anderem in den Bereichen Rechtliche Geschlechterstudien, insbesondere Intersektionalität und Postkategorialität, Gewalt im Geschlechterverhältnis, Antidiskriminierungsrecht und Rechtssoziologie"[61], konnte der Auftraggeber eine ihm zustimmende Stellungnahme erwarten. In dieser Erwartung wurde die Verwaltungsspitze der Stadt Hannover nicht enttäuscht: Die von der Gutachterin unter der Überschrift „Geschlechtergerechte Amtssprache" vorgelegte „Rechtliche Expertise zur Einschätzung der Rechtswirksamkeit von Handlungsformen der Verwaltung bei Verwendung des Gendersterns oder von geschlechtsumfassenden Formulierungen" enthält in der „Zusammenfassung der wesentlichen Ergebnisse" unter anderen die folgenden Aussagen: „Die Regeln zur sprachlichen Gleichbehandlung von Frauen und Männern sind daher zu Regelungen für eine geschlechtergerechte Amts- und Rechtssprache weiterzuentwickeln" (Ziff. 2). „Den männlichen Personenbezeichnungen in Verwaltungssprache und Rechtstexten steht fast ausnahmslos eine komplementäre weibliche Form gegenüber, so dass es sich regelmäßig nur um ein pseudo-generisches Maskulinum handelt, dessen hoheitliche Verwendung höchst rechtsbedürftig" sei (Ziff. 3). „Geschlechtergerechte Amts- und Rechtssprache dient der Verfassungskonformität hoheitlichen Sprachhandelns" (Ziff. 4). „Die Verpflichtung zur Verwendung geschlechtergerechter Amts- und Rechtssprache beeinträchtigt wie jede organisationsrechtliche Anweisung zum hoheitlichen Sprachgebrauch weder Meinungsfreiheit noch Persönlichkeitsrecht der amtsausübenden Personen" (Ziff. 5). „Vorliegend geht es allein um *hoheitliches* Sprachhandeln, zu dessen Regelung mit Blick auf die verfassungsrechtlichen Anforderungen nicht nur eine Kompetenz, sondern auch Verpflichtung des Staates und seiner Einrichtungen besteht" (Ziff. 7). „Die explizite Benennung von Frauen bleibt ein ebenso wesentliches Anliegen wie die sprachliche Sichtbarmachung von Inter*, Trans* und non-binären Personen" (Ziff. 8). „Aus rechtlicher Sicht ist die Verwendung geschlechtergerechter Amtssprache inklusive des Gendersterns keine Irregularität,

---

[60] *Lena Foljanty / Ulrike Lembke* (Hrsg.), Feministische Rechtswissenschaft. Ein Studienbuch, Baden-Baden 2008.
[61] *Ulrike Lembke* – Wikipedia. https://de.wikipedia.org/wiki/Ulrike_Lembke.

sondern für hoheitliches Sprachhandeln und damit die Verwaltung insgesamt im demokratischen Rechtsstaat unverzichtbar" (Ziff. 9).

Außerhalb dieser apologetischen „Expertise" ist das Sprachdekret der Stadtverwaltung von Hannover auf entschiedene Kritik gestoßen. Von dem renommierten Sprachwissenschaftler Helmut Glück stammt das Urteil: „Das Gender Mainstreaming hat den Charakter einer säkularen Religion angenommen. In Hannover hat sie eine ganze Stadtverwaltung befallen. Ihre Vertreter ignorieren die Erkenntnisse der Grammatikforschung beharrlich... Sozialpädagogische Gerechtigkeitsmythen und moralische Überheblichkeit ersetzen ihnen wissenschaftliche Analysen. Es geht um Glauben, nicht um Wissen." Fazit: „Man kann grammatische Tatsachen nicht wegdekretieren, auf dass die Sprache eine moralische Anstalt werde."[62]

Juristischen Beistand hat die Stadtverwaltung von Hannover mit der von ihr bestellten „Rechtlichen Expertise" aus der Feder von Ulrike Lembke gesucht, jedoch ohne durchschlagenden Erfolg: Soweit die juristischen Ausführungen in der Expertise sich interdisziplinär auf angebliche grammatische Argumente stützen, sind diese von dem Sprachwissenschaftler Helmut Glück überzeugend widerlegt worden: „Die Autorin äußert sich an vielen Stellen zu grammatischen Dingen, die ihr fremd sind... Interdisziplinärer Austausch über Fachgrenzen hinweg ist nützlich. Ein Ausflug in ein anderes Fachgebiet wird jedoch riskant, wenn man die dort geltenden Standards ignoriert, die nicht von der „Genderlinguistik", sondern von den Grammatiken bestimmt werden."[63] Kritikwürdig sind nicht nur die grammatischen Grundlagen jenes Gutachtens, sondern auch nicht wenige andere, in diesem enthaltene Behauptungen. So sind die in dem Gutachten gegen die Tätigkeit des Rates für deutsche Rechtschreibung erhobenen Vorwürfe vom Vorsitzenden des Rates als „nicht nachvollziehbar" und als „weder belegt noch begründbar" zurückgewiesen worden.[64] Geradezu abwegig ist die in dem Gutachten vertretene Meinung, es bestehe eine verfassungsrechtliche „Verpflichtung des Staates und seiner Einrichtungen"

---

[62] *Helmut Glück*, Die Ersatzreligion der sprachlichen Anbiederung. Die Stadt Hannover setzt sich über das amtliche Regelwerk der deutschen Rechtschreibung hinweg, in: FAZ Nr. 44 v. 21.02.2019, S. 7.

[63] *Helmut Glück* (Anm. 62).

[64] *Josef Lange*, Noch keine fundierte Grundlage (Leserbrief), in: FAZ Nr. 300 v. 24.12.2021, S. 33.

zur „Verwendung geschlechtergerechter Amtssprache" (Ziff. 7, Ziff. 9). Eine solche verfassungsrechtliche Pflicht aus der Verfassung abzuleiten, ist schon deshalb erstaunlich, weil das Grundgesetz selber, worauf Jürgen Kaube in seiner Glosse „Menschinwürde" zutreffend hinweist[65], gerade nicht gendert; auch ist der im Grundgesetz verwendete übliche Sprachgebrauch seit dem Inkrafttreten der Verfassung im Jahre 1949 trotz inzwischen häufig vorgenommener Änderungen und eingefügter Ergänzungen (z. B. mit dem Artikel 3 Absatz 2 Satz 2 betreffend die Gleichstellung von Männern und Frauen[66]) nie aufgegeben worden. „Gendern als verfassungsrechtliche Pflicht" ist eine interessante Schlagzeile[67], aber weder ein linguistisch noch rechtlich stichhaltiges Ergebnis des von der Stadt Hannover bestellten Gutachtens. „Die Stadt Hannover hat mit diesem Gutachten ein Eigentor geschossen", lautet daher ein nachvollziehbares Urteil.[68] Der finanzielle Aufwand der Stadt für dieses Eigentor ist nicht bekannt – er könnte erfahrungsgemäß im fünfstelligen Bereich liegen – Kommentar dazu in mehr als einem Leserbrief: Die Auftragsarbeit „ist die Tinte nicht wert, mit der sie geschrieben wurde – und schon gar nicht die dafür ausgegebenen Steuergelder"[69], und das Gutachten „ist ein Paradebeispiel für die Veruntreuung von Steuergeldern"[70].

---

[65] *Jürgen Kaube*, Menschinwürde, in: FAZ Nr. 294 v. 17.12.2021, S. 11, auch unter Hinweis auf den Satz: „Die Würde des Menschen ist unantastbar".

[66] Art. 3 Abs. 2 Satz 2 GG: „Der Staat fördert die tatsächliche Durchsetzung der Gleichberechtigung von Frauen und Männern und wirkt auf die Beseitigung bestehender Nachteile hin."

[67] So die Überschrift des Beitrages von *Reinhard Bingener*, Gendern als verfassungsrechtliche Pflicht. Hannover hat gendergerechte Sprache in der Verwaltung angeordnet, nun liegt ein Rechtsgutachten vor, in: FAZ Nr. 293 v. 16.12.2021, S. 3.

[68] Formulierung von *Helmut Glück* (Anm. 62).

[69] *Manfred Engelbart*, Wie bestellt (Leserbrief), in: FAZ Nr. 303 v. 31.12.2021, S. 37. Dort auch, mit Hinweis auf die Professur der Gutachterin für Geschlechterstudien: „Das gewünschte Ergebnis wurde prompt geliefert. Da hätte ich auch einen Hund (beziehungsweise eine Hündin) beauftragen können, eine Studie über den Sinn des Fleischverzehrs zu erstellen."

[70] *Karl Schleef*, Was hat das eigentlich gekostet? (Leserbrief), in: FAZ Nr. 297 v. 21.12.2021, S. 25.

VII. Schreckgespenst generisches Maskulinum

Schreckgespenst für Genderaktivisten (so auch für Ulrike Lembke in dem erwähnten Gutachten) ist das generische Maskulinum, ein Begriff, der Linguisten vertraut ist, der breiten Öffentlichkeit dagegen zumindest bisher weitgehend unbekannt war. Der vom Klangbild her sperrige Begriff hat linguistisch einen klaren Inhalt.[71] „Mit diesem Begriff bezeichnet man den Sachverhalt, dass maskuline Personenbezeichnungen auf -er (wie Förster, Pfarrer) nicht in erster Linie sexusmarkiert sind. Sie bezeichnen Personen unabhängig von deren Geschlecht. Ein Lehrerzimmer steht Lehrern wie Lehrerinnen offen, ein Führerschein berechtigt Frauen wie Männer zum Autofahren."[72] Dass es sich beim Begriff „generisches Maskulinum" weder um eine sprachwissenschaftliche Phantasie noch um einen Kampfausdruck der Neuen Rechten handelt, zeigt die Tatsache, dass – woran Helmut Glück erinnert hat[73] – schon in dem berühmten Corpus Iuris Civilis des Kaisers Justinian im 6. Jahrhundert die Feststellung enthalten war (hier in deutscher Übersetzung): „Eine Bezeichnung mit männlichem Geschlecht erstreckt sich in der Regel auf jedes der beiden Geschlechter." Ein besonders anschauliches und überzeugendes Beispiel für ein generisches Maskulinum ist das Wort „Mensch". Wenn das Grundgesetz in seiner erstgenannten Bestimmung (Art. 1 Abs. 1) statuiert: „Die Würde des Menschen ist unantastbar"[74], so sind damit selbstverständlich alle Menschen unabhängig von ihrem biologischen Geschlecht gemeint. Gleiches gilt für unzählige andere Beispiele, etwa: „Edel sei der Mensch, hilfreich und gut" oder „Der Mensch, das un-

---

[71] Widerlegung einer Kritik von Anatol Stefanowitsch an der Linguistischen Bedeutung des generischen Maskulinum bei *Rüdiger Harnisch*, Inklusiver Gegensatz. Logik und Sprachlogik, in: FAZ Nr. 281 v. 28.10.2020, S. N 3.

[72] *Helmut Glück* (Anm. 62), dort auch: „Das generische Maskulinum ist der unmarkierte Genus für alle."

[73] *Helmut Glück* (Anm. 62), dort neben dem lateinischen Originaltext auch die Fundstelle (Digesten 50, 16, 195).

[74] Als Beispiel auch genannt von *Jürgen Kaube* (Anm. 65).

VII. Schreckgespenst generisches Maskulinum

bekannte Wesen" oder „Der Mensch ist des Menschen Wolf" und anderes mehr.[75]

Wenn vom generischen Maskulinum die Rede ist, so darf nicht übersehen werden, dass das grammatische Geschlecht (genus) nicht auf ein biologisches Geschlecht (sexus) beschränkt ist: Es existieren also sowohl maskuline Generika als auch feminine Generika. Der Sprachwissenschaftler Peter Eisenberg erläutert dies wie folgt: „Unter einem Generikum versteht man ein Wort, das ganz oder in bestimmten Verwendungen keinen Bezug auf das natürliche Geschlecht des Bezeichneten aufweist. Maskuline Generika sind beispielsweise Mensch, Fan, Säugling, Leichnam, Prüfling; feminine Generika sind beispielsweise Person, Koryphäe, Leiche, Waise, Geisel".[76] Zur Kritik der Genderaktivisten, „dass ein solches Generikum Frauen oder Männer, die mit einem Wort des jeweils anderen Genus bezeichnet sind, nur „mitmeine", bezeichnet Eisenberg zutreffend als „eine begriffliche Irreführung"; denn: „Die wesentliche Eigenschaft von Generika besteht ja gerade darin, dass überhaupt kein Bezug auf irgendein Geschlecht besteht."[77] Anders ausgedrückt: „Weil das generische Maskulinum geschlechtsneutral ist, kann seine Anwendung auch niemanden wegen seines Geschlechts diskriminieren."[78]

Alle diese überzeugenden Argumente prallen an der Ideologie der Genderaktivisten ab wie Wasser an einer Mauer. Unsere Sprache ist die Mauer: „männlich durchwirkt und patriarchal vermachtet"[79]; „Sprache ist ein Herrschaftsinstrument, das immer noch überwiegend von Männern erfolgreiche bespielt wird"[80]; „allen Geschlechtern und allen

---

[75] Ein ähnliches Beispiel aus der französischen Sprache: „terre des hommes" ist eine Hilfsorganisation nicht für Männer, sondern für (alle) Menschen.

[76] *Peter Eisenberg*, Das falsche Weibliche zieht uns hinan. Wer ist gemeint, wer ist mitgemeint? Anmerkungen zum Unterschied zwischen grammatischem und biologischem Geschlecht, in: FAZ Nr. 247 v. 23.10.2020, S. 9.

[77] *Peter Eisenberg* (Anm. 76). Zutreffend der Hinweis auf „die asexuelle Natur des generischen Maskulinums" bei Helmut Glück (Anm. 62) und die Ausführungen von Dagmar Lorenz, Jargon des Gendersensiblen, FAZ Nr. 238 v. 13.10.2022, S. 7.

[78] *Dieter Czajka*, Geschlechtsneutrales Maskulinum (Leserbrief), in: FAZ Nr. 9 v. 12.02.2022, S. 6.

[79] *Doris Mathilde Lucke* (Anm. 20), S. 46.

[80] *Doris Mathilde Lucke* (Anm. 20), S. 46.

Menschen gerecht zu werden – genau das tut unsere jetzige Sprache nämlich nicht. Frauen sind genauso ausgeschlossen wie alle anderen nicht-männlichen Menschen"[81]; „Eine Gruppe nur ‚mitzumeinen' liefere sie der Gnade eines unzuverlässigen Interpretationsprozesses aus"[82]; im generischen Maskulinum sehen die Befürworter der gendergerechten Sprache „ein sprachliches Unsichtbarmachen von Frauen und damit die symbolische Überformung der männlichen Vorherrschaft".[83]

---

[81] *Doris Mathilde Lucke* (Anm. 20), S. 46.

[82] *Anatol Stefanowitsch*, Wer redet von wem? Gender-Narzissmus, in: FAZ Nr. 245 v. 21.10.2020, S. N 3.

[83] *Mathias Brodkorb*, der darin ein „narzistisches Syndrom" sieht, zit. bei Anatol Stefanowitsch (Anm. 82).

VIII. Das Gottessternchen

Nicht einmal absurde Sprachprägungen vermögen dem Genderaktivismus Einhalt zu gebieten. Manches Neusprech mag nur umständlich erscheinen, wie z. B. „Sitzblockierer*innen" im Zusammenhang mit Sitzblockaden[84] oder „Schüler:innenvertreter:innen" in einem Interview mit einer Schülerin[85]. Anderes beruht auf Kenntnismangel; Josef Joffe bringt dafür ein fast unglaubliches Beispiel aus den USA: „Es klingt wie ein (schlechter) Witz, ist aber wahr. Das Gebet zur Eröffnung des 117. Kongresses endete mit ‚Amen and a-women'. Hier steigert sich Woke zum Wahn. Denn ‚amen' hat nichts mit ‚Männern' zu tun, sondern stammt aus dem Hebräischen: ‚So soll es sein'. Es ist eine Bekräftigungsformel, die gendergerecht in allen abrahamitischen Religionen gilt."[86] Wenn also das Wort „amen" gegendert wird, was wird dann aus „Gott"? Für die katholische Kirche hat der Bischof von Trier, Stephan Ackermann, eine Antwort gegeben. In einem Pressebericht ist zu lesen: „Der Bischof von Trier, Stephan Ackermann, findet „Gendern" ziemlich gut. Gegenüber der Deutschen Presse-Agentur erklärte er, da „hinkt die Kirche nicht hinterher". Er erlebe „in allen kirchlich verfassten Texten, dass man sich um geschlechtersensible Sprache bemüht". Vieles werde ausprobiert, „auch Gendergap und Genderstern", da seien kirchliche Akteure „genauso auf der Höhe der Zeit wie andere auch". Allerdings sieht Ackermann auch noch Grenzen: „Eine in ‚gendergerechte Sprache' umgeschriebene Bibel wäre nicht so in

---

[84] Zitiert in der Besprechung des Buches von *Richard Rohrmoser*, Sicherheitspolitik von unten. Ziviler Ungehorsam gegen Nuklearrüstung in Mutlangen 1983–1987, von *Peter Hoeres*, Lorbeerkranz für die Blockierer. Ein sehr sympathisierender Rückblick auf die Proteste gegen die NATO-Nachrüstung, in: FAZ Nr. 44 v. 22.02.2022, S. 6.

[85] Zitiert von *Arnold Staggenurg*, Gendersprache (Leserbrief), in: FAZ Nr. 47 v. 25.02.2022, S. 23.

[86] *Josef Joffe* (Anm. 1).

seinem Sinne. Vor allem aber sei er gegen „Gott mit Genderstern". Seiner Meinung nach ist „der Begriff Gott eine Chiffre".[87]

Kirche besteht allerdings nicht nur aus Bischöfen. Im Januar 2021 richteten 125 Priester und ehrenamtlich Tätige der katholischen Kirche sich mit der Aktion „Out in Church" an die Öffentlichkeit mit dem Bekenntnis, nicht heterosexuell zu sein. Zum Gendern wird aus dieser Gruppe berichtet[88]: „Einige der Beteiligten setzen in das Wort Gott ein Sternchen." „Indem ich zu mir selbst gefunden habe, bin ich G*ttes Plan für mich nähergekommen", bekennt etwa ein 25-jähriger Pädagoge, der sich als nichtbinär bezeichnet. Und: „Die Katholische Studierende Jugend" hatte bereits 2020 erklärt, an das Wort Gott fortan ein Sternchen hängen zu wollen, um zu verdeutlichen, dass Gott keinem Geschlecht oder anderen menschlichen Kategorien zuzuordnen sei." Platz geschaffen werde für eine „Gottes*vielfalt".[89] Darf man dazu sagen: Um Gottes willen? Oder muss es heißen: Ach, du meine Güte? Jedenfalls meinen Genderaktivisten es mit dem Gebrauch des Gottes-Sternchens ernst; es handelt sich dabei also nicht, wie bei der Rede von „Kinderinnen", „Gästinnen", „‚Mitgliederinnen' und ‚Gliederinnen'" um „typische Ridikülisierungsstrategien", die nach Meinung von Doris Mathilde Lucke verwendet werden, „wenn man nicht weiterweiß mit sachlichen Argumenten".[90] Eine kritische Stimme aus der evangelischen Kirche der Schweiz, nämlich deren früherer Präsident Gottfried Locher, wird zitiert mit der Meinung: „In der reformierten Kirche gehe es nicht mehr um Gnade, Christus und Bekenntnis. Sondern um Klima, Gendern, Migration, inklusive Sprache, Konzernverantwortung. Von mancher Kanzel tropft der sonntägliche Moralismus auf leere Kirchenbänke... Noch die kleinste Empörung wird mit gefurchter Stirn und erhobenem Zeigefinger bewirtschaftet."[91]

---

[87] Text der Glosse „Aufgeschnappt" von E.L. (= *Erik Lommatzsch*), in: PAZ Nr. 2 v. 07.01.2022, S. 24.

[88] *Pauline Voss*, Kirchenmitarbeiter outen sich. Diskriminierung durch die katholische Kirche beklagt, in: NZZ v. 26.01.2021 Internationale Ausgabe S. 1.

[89] Glosse „Aufgeschnappt" (Anm. 87).

[90] *Doris Mathilde Lucke* (Anm. 20), S. 46.

[91] Zitiert bei *Simon Hehli*, Auf die Kirchen können wir (noch) nicht verzichten, in: NZZ v. 08.06.2022, S. 17.

IX. Berufsbezeichnungen im Gendervisier

Gegen die Umbenennung der Titel der Fachzeitschriften „Der Chirurg" und „Der Radiologe" in „Die Chirurgie" und „Die Radiologie" lassen sich Einwände kaum vorbringen.[92] Tatsächlich ridikül ist dagegen die Umbenennung der Fachzeitschrift des Bundes Deutscher Architektinnen und Architekten (BDA) „der Architekt" in „Die Architekt".[93]

Angesprochen ist damit das Verhältnis der Gendersprache zu Berufsbezeichnungen. Tatsache ist, dass Frauen bis in die Neuzeit zwar nicht vom Arbeitsleben, wohl aber vom Erwerbsleben ausgeschlossen waren. Berufe waren deshalb meist Männern vorbehalten, wofür viele männliche Berufsbezeichnungen Zeugnis ablegen.[94] Als Beispiele können u.a. genannt werden: Bauer, Bergmann, Fischer, Fleischer, Handwerker, Henker, Matrose, Müller, Richter, Schmied, Schneider, Schornsteinfeger, Tischler, Zimmermann (manche dieser Berufsbezeichnungen wurden auch zu Nachnamen). Als typisch männlicher Beruf galt der des Soldaten. Frauen waren im Krieg stets Opfer, aber nur selten Akteure. Zur Erinnerung: Erst mit dem 48. Gesetz zur Änderung des Grundgesetzes vom 18.12.2000 wurde in Deutschland für Frauen ein freiwilliger Dienst mit der Waffe ermöglicht[95], und damit (nach langen politischen und verfassungsrechtlichen Diskussionen) der Beruf

---

[92] Der Verlag Springer Medizin begründet die Umbenennung damit, man wolle ein „klares Signal und Bekenntnis zur Geschlechtergerechtigkeit in der Medizin und anderen Bereichen" setzen; zit. nach Notiz Fachzeitschriften werden umbenannt, in: FAZ Nr. 88 v. 14.04.2022, S. 15.

[93] Zutreffend kritisch zu dieser Umbenennung des 70 Jahre alten Titels und dem weitschweifigen Editorial dazu: *Matthias Alexander*, Windschief, in: FAZ Nr. 44 v. 22.02.2022, S. 9. – Zur Frage, ob der Zeitschriftentitel „Der Jurist" umbenannt werden muss s. *Rüdiger Harnisch* (Anm. 71).

[94] Diese Berufsbezeichnungen sind zugleich auch Beispiele für generisches Maskulinum.

[95] Art. 12 a Abs. 4 Satz 2 GG lautet nunmehr: „Sie (gemeint sind Frauen, d.Verf.) dürfen auf keinen Fall zum Dienst mit der Waffe verpflichtet werden."

der Soldatin für Frauen eröffnet.[96] In der Schweiz wird sogar eine allgemeine Wehrpflicht, also auch für Frauen, gefordert. Zum Thema Gendersprache wurde in diesem Zusammenhang geäußert: „Über die gendergerechte Bezeichnung der Dienstgrade müsste man dann noch sprechen. Aber das ist die kleinste Hürde."[97] Klar ist wohl, dass aus dem Dienstgrad „Hauptmann" nicht der einer „Hauptfrau" werden wird[98]; denn eine solche Formulierung wäre ungefähr genauso unsensibel, wie wenn die weibliche Chefin des Kabinenpersonals in einem Flugzeug sich nicht – wie üblich – als „maître de cabin" vorstellen würde, sondern als „maîtresse de cabin".

Auch das Wort „Offizier" lässt sich wohl nicht gendern. Unter der Überschrift „Fliegen wird weiblicher" schildert eine Flugkapitänin, wie sie ihren Traumberuf gegen die Männerkonkurrenz verwirklichen konnte: Pilotin Susanne Erdmann ist ein sogenannter Fleetcaptain der Airbus-A 320-Flotte von Lufthansa; ein Mitflug neben einem Lufthansa-Flugkapitän entschied ihre berufliche Zukunft: „Nach Beendigung meiner Ausbildung sind wir dann auch tatsächlich zusammen im Cockpit geflogen, er als Kapitän und ich als Erster Offizier."[99] Of-

---

[96] Zur Situation in der Ukraine: Was heißt Soldatin auf Ukrainisch? Verzweifelt, aber entschlossen wehren sich die Ukrainer gegen die russische Aggression. Auch Frauen melden sich zu den Streitkräften. *Gerhard Gnauck* hat mit dreien gesprochen, in: FAS Nr. 20 v. 22.05.2022, S. 9; *Hanna Hrizenko*, Frauen an der Front. In der ukrainischen Armee sind Soldatinnen in Kampfeinheiten nichts Ungewöhnliches, in: NZZ v. 05.05.2022 Internationale Ausgabe S. 7; *Katrin Büchenbacher*, Die ukrainischen Kriegsfrauen. Die meisten Berichte aus dem überfallenen Land widerspiegeln die Geschlechterrollen: Die Frauen fliehen, die Männer kämpfen. Doch das Narrativ stimmt so nicht, NZZ v. 12.05.2022, S. 2. – Wehrpflicht für Frauen besteht in Israel, Norwegen und Schweden.

[97] *Birgit Schmid*, Frauen in den Tarnanzug, in: NZZ v. 05.03.2022, S. 60; s. auch *Christina Neuhaus*, Frauen, zur Armeeinformation! Auch Frauen stehen in der Pflicht, findet der Ständerat, NZZ v. 23.09.2022 Internationale Ausgabe, S. 24. Zum Thema der Dienstpflicht allgemein: *Georg Häsler*, Es ist Zeit für eine Dienstpflicht für alle, in NZZ v. 09.04.2022 Internationale Ausgabe S. 15.

[98] Zutreffend dazu *Jan Seybold* (Anm. 51), S. 78: „Würde man aber mit der Bezeichnung „Hauptfrau" wirklich eine Aufwertung zugunsten der Frauen erreichen?"

[99] Fliegen wird weiblicher. Im PAZ-Gespräch schildert eine Flugkapitänin, wie sie ihren Traumberuf gegen die Männerkonkurrenz verwirklichen konnte. Gespräch mit Silvia Friedrich, in: PAZ Nr. 11 v. 18.03.2022, S. 21.

fensichtlich hatte die Pilotin mit ihrem Status als „Offizier" (nicht: „Offizierin") keine Probleme.

Noch ein Nachtrag zum Thema Sprache und Berufsbezeichnung: Es gibt Berufe, die – zumindest heute – absolut selbstverständlich auch von Frauen ausgeübt werden. Beispiele sind die C-Wörter Chauffeur, Clown, Coach, aber auch zum Beispiel Jockey. In solchen Fällen stößt die Gender-Sprache offensichtlich an ihre Grenzen, wenn ihr Gebrauch nicht ungewöhnlich oder lächerlich werden will. Merke: „Vom Erhabenen zum Lächerlichen ist nur ein Schritt" (Napoleon Bonaparte).

X. Fragwürdige Authentizität

Fremdsprachige Texte in ihrer Übersetzung in's Deutsche zu gendern wirft ein spezielles Problem auf, nämlich das der Authentizität. Eine Buchbesprechung des aus dem Englischen übersetzten Werkes „Afropessimismus" von Frank B. Wilderson III. bemerkt dazu unter der Überschrift „Sprachkosmetik der Übersetzung": „Kurios dabei, dass die deutsche Ausgabe durchweg jenen bürokratischen Newspeak pflegt (‚Jüd:innen‘, ‚Arbeiter:innenklasse‘, ‚Studierendenkrankenhaus‘, ‚Critical-Race-Vokabular‘, ‚Schwarze Schreibende‘ und natürlich ‚Gesprächspartnerinnen und Gesprächspartner‘ ohne Ende), der nun gerade dem frommen Glauben vertraut, sprachliche Kosmetik eröffne gewiss den Weg ins Reich des Wahren, Guten, Schönen." Auf den Punkt gebracht: „Leider weckte das auch ein gewisses Misstrauen, was davon sich tatsächlich dem Autor verdankt und was ausschließlich neudeutschem Benimm."[100] Ein anderes Beispiel für begründeten Anlass zu Zweifeln: Die zweifellos ebenso nützlich wie förderungswürdige Organisation Médecins sans Frontières/Ärzte ohne Grenzen verschickte im Juli 2021 an „Liebe Spender*innen" einen Brief, in welchem Dr. Aschraf Nabhan, ein am Fachkrankenhaus für rekonstruktive Chirurgie in Amman arbeitender orthopädischer Chirurg, um Spenden für die Arbeit von Ärzte ohne Grenzen bittet. Unter dem Text des Briefes, in dem immer wieder gegendert wird („Patient*innen", „Chirurg*innen"), findet sich die kleingedruckte Anmerkung: „N.B. Dies ist die Wiedergabe eines Briefes, den Dr. Aschraf Nabhan im Juli in Jordanien geschrieben hat und den wir übersetzt haben und zusammen mit dem beiliegenden Foto aus dem Berliner Büro an unsere Spender*innen weiterleiten." Die Landessprache in Jordanien ist die arabische, die ein Gendern nicht kennt. Deshalb ist es unwahrscheinlich, dass der jordanische Verfasser des Briefes seinen Text gegendert

---

[100] *Wolfgang Matz*, Gegen alle liberale Zuversicht. Eine an Schärfe kaum zu überbietende Polemik: Frank Wildersons „Afropessimismus", in: FAZ Nr. 224 v. 08.10.2021, S. 12, auch mit der Kritik: „…dieses ganze nervtötende, sprachmagische Abrakadabra".

hat; daraus folgt, dass die deutsche Übersetzung jenes Briefes keine wortgetreue ist, sondern eine um das Gendern „angereicherte" – man könnte oder sollte wohl sagen: eine manipulierte.

Dass Genderaktivisten im Übrigen auch in anderen Zusammenhängen sogar Wortprotokolle ändern, zeigt ein Beispiel aus Hannover, das in einem Zeitungsbericht wie folgt wiedergegeben wird: „In den Sitzungen des Stadtrats und der Ausschüsse verweigert die AfD regelmäßig dem Protokoll die Zustimmung, weil dort auch die Äußerungen der AfD-Ratsleute gegendert werden, obwohl diese Wert darauf legen, dass sie in ihren Redebeiträgen nicht gegendert hätten."[101] Auch wer – wie der Verf. – keinerlei Sympathie für die AfD hegt, kann eine solche Verfälschung nur ablehnen. Der Furor der Gendersprache wütet aber nicht nur in einem deutschen Stadtrat, sondern auch in der Schweiz. Aus dem Züricher Parlament berichtet die „Neue Zürcher Zeitung", dass eine Interpellation der Gemeinderätin Susanne Brunner (SVP) vom Parlamentsbüro nicht akzeptiert wurde, „weil sie fast ausschließlich in der männlichen Form verfasst war". Es bedurfte einer Entscheidung des Bezirksrates, „dass die politischen Rechte nicht eingeschränkt werden dürften, nur weil ein Vorstoß nicht gendergerecht formuliert sei".[102]

---

[101] *Reinhard Bingener* (Anm. 59).
[102] *Daniel Fritzsche* (Anm. 24).

XI. Institutionen unterwerfen sich

Erstaunlich und eigentlich traurig ist es, dass nicht nur Bürokrat*innen gendern, sondern dass auch Institutionen, von denen ein pfleglicher Umgang mit dem Kulturgut Sprache zu erwarten ist, sich dem Diktat – oder sollte man nachsichtiger formulieren: dem Druck – des Genderns unterwerfen. Auch hierzu einige Beispiele: In der Satzung des neu gegründeten „PEN Berlin" ist das Amt des Präsidenten des „PEN-Zentrum Deutschland" durch eine Doppelspitze von zwei „Sprecher:innen" ersetzt worden. Der bisherige Präsident des PEN-Zentrum Deutschland Deniz Yücel wurde auf der Gründungssitzung des „PEN Berlin" „zu einer der beiden „Sprecher:innen" gewählt"[103] – eine ziemlich verrenkte Formulierung. Zur Sprache dieses Repräsentanten der beiden „Sprecher:innen" Deniz Yücel sei daran erinnert, dass er den infolge eines Schlaganfalls körperlich beeinträchtigten „leider erfolgreichen" Buchautor Thilo Sarrazin als „eine lispelnde, stotternde, zuckende Menschenkarikatur" bezeichnet hat, und hinzufügte, „man könne ‚Thilo S.' nur wünschen, „der nächste Schlaganfall möge sein Werk gründlicher verrichten".[104] Man muss kein Sarrazin-Anhänger sein, um Yücels zitierte Äußerung als ekelhaft und menschenverachtend zu empfinden – unbeachtlich für PEN Berlin?

Zurück zum Gendern: Die „Ruhrtriennale – Das Festival der Künste 2022" adressiert im Programmprospekt brav gendernd: „Liebe Besucher:innen". In einem Schreiben, das die „Hamburgische Kulturstiftung" im Dezember 2020 versandte, ist unter anderem zu lesen: „Aber dass wir handeln müssen, war spätestens klar, als den freischaffenden Künstler*innen im März von einem Tag auf den anderen ihre Existenzgrundlage wegbrach"; und: „Die sensationelle Resonanz von

---

[103] *Andreas Platthaus*, Wie begonnen, so zerronnen. Deutsche Urszene: Der PEN Berlin gründet sich als idealexistierende Vorstellung und realexistierender Persönlichkeitswahlverein, in: FAZ Nr. 134 v. 11.06.2022, S. 9.

[104] Zitiert in Notiz „taz"-Redakteur wünscht Sarrazin Schlaganfall, in: JF Nr. 47/12 v. 16.11.2012, S. 17.

XI. Institutionen unterwerfen sich 51

Stiftungen, Unternehmen und privaten Förder*innen auf unseren Hilfsfonds ‚Kunst kennt kein Shutdown' hat uns zutiefst bewegt und gezeigt: Der Zusammenhalt in Hamburg ist einfach einzigartig." Die Verlagsgruppe Brill Deutschland, zu der u. a. die Verlage Brill Schöningh, Brill Fink und Böhlau gehören, schreibt an einen männlichen Autor: „Als Autor*in der Brill Deutschland GmbH erhalten Sie 35% Rabatt auf alle Titel von Brill/Schöningh, Brill/Fink..." (es folgen die weiteren der Gruppe angehörenden Verlage). Spiegel GmbH & Co. KG schreibt an eine Mitarbeiterin des Autors: „Sehr geehrte*r Herta" (es folgt deren Familienname, d. Verf.): Gibt es einen besseren Beweis dafür, dass Gendern Nonsens ist? Die „Staats- und Universitätsbibliothek Hamburg Carl von Ossietzky" veranstaltet eine Ausstellung mit dem Titel: „Proleten auf Karton. Postkarten der Arbeiter*innenbewegung (1919–1939)" – Fragen an die Ausstellungsmacher*innen: Warum werden die „Proleten" nicht gegendert (also „Prolet*innen")? Und stört es Sie nicht, dass in der in der Ausstellung dargestellten Zeit der Arbeiterbewegung zwischen 1919 und 1939 noch kein Genderstern gebräuchlich war? Noch ein Beispiel aus der Freien und Hansestadt Hamburg: Das „Museum für Kunst und Gewerbe Hamburg" widmet sich der Neuinterpretation von zwei Werkkomplexen des Hamburger Fotografen Herbert Lüst (1903–1975) mit der Ankündigung „Beide Themen verbindet das Interesse des bekennenden homosexuellen Fotografen am Populären, am Kitsch und an der körperlichen Einbindung der Betrachter*innen in seine Sujets". Das Wort „Betrachter" ist im vorliegenden Zusammenhang erkennbar die geschlechtsneutrale Pluralform – hätte Herbert Lüst sich eine Genderisierung gewünscht? Und: Liest man in der Einladung der „Hamburger Kunsthalle" zu einer Ausstellungseröffnung die Information „Ausstellende Künstler*innen / Artists in the exhibition" dann drängt sich beim Vergleich der aufgeblasenen gegenderten deutschen Formulierung und der schlichten englischsprachigen Fassung der bekannte kritische Satz auf: „Am deutschen Wesen soll die Welt genesen".

Ein zahlenmäßig viel größeres Publikum als solche Ausstellungen erreichen die Fernsehsendungen von ARD und ZDF. Zu den von Zuschauern zur Reform von ARD und ZDF eingereichten Eingaben bemerkte die rheinland-pfälzische Medienstaatssekretärin Heike Raab (SPD): „Ein Thema, das viele bewegt, ist das ‚Gendern', also der geschlechterbewusste Sprachgebrauch im Programm."[105] Leider unterließ die Medienstaatssekretärin es, dazu nähere Angaben zu machen. Jedoch ist bekannt, dass bei einer Sitzung des Fernsehrats des ZDF „Gremienmitglieder Unmut über die Tendenz zum gesprochenen Genderstern geäußert und eine ‚Leitungsentscheidung' zu dem Thema gefordert" hätten; „Fernsehratsmitglieder kritisierten, eine übergroße Mehrheit der Bevölkerung lehne die Verwendung des Gendersterns ab. Schlimmstenfalls wende sich ein Teil der Zuschauer deshalb von den Programminhalten des ZDF ab". Der damalige Intendant des ZDF wird mit der Stellungnahme zitiert: „Der Intendant Bellut versicherte, das ZDF achte auf eine geschlechtergerechte Sprache, aber zugleich auch darauf, dass die Rezeption unserer Sendungen nicht beschädigt" werde: „Ich kann Ihnen versichern, es wird bei uns nicht zwangsgegendert". Thomas Bellut erklärte in der Gremiensitzung allerdings auch, „er sehe sich nicht in der Lage, Moderatoren die Kunstpausen zu verbieten"[106]. Mit diesem Persilschein bezog der Intendant sich vermutlich auf den im „heute-journal" gendernden Moderator Claus Kleber[107], dessen Glottisschlag in einem Leserbrief zutreffend als „lächerlich bis unerträglich" kritisiert wurde, dies auch mit der Mahnung: „Die deutsche Sprache unterliegt einem amtlich festgelegten, verbindlichen Regelwerk, das nicht nach eigenem Ermessen und Gutdünken, nach eigenem Gusto verändert werden kann und darf!"[108]

Selbst der Krimi darf bei den öffentlich-rechtlichen Anstalten nicht gendernfrei bleiben. Über den „Tatort" aus Frankfurt (Oder) mit dem Titel „Schattenleben" vom 12. Juni 2022 berichtet die „Neue Zürcher

---

[105] Zitiert in: Mehr Krimis, weniger? Muss das Gendern sein? 2600 Eingaben gab es zur Reform von ARD und ZDF: Die rheinland-pfälzische Medienstaatssekretärin Heike Raab (SPD) fragen wir, was darauf folgt. Gespräch mit Helmut Hartung, in: FAZ Nr. 16 v. 20.01.2022, S. 15.

[106] Alle Zitate aus der Notiz Gendern beim ZDF, in: FAZ Nr. 289 v. 11.12. 2021, S. 18.

[107] *Cordt Schnibben* hat in seinem ausführlichen Interview mit Claus Kleber diesen nicht nach dessen Gendern gefragt – warum nicht? Kalte Füße? Text des Interviews: „Ideologie vergiftet den Journalismus". Der „heute-journal" Moderator Claus Kleber verabschiedet sich diese Woche in den Ruhestand. Ein Gespräch über Selbstinszenierung, Aktivismus und Denkfaulheit im öffentlichrechtlichen Fernsehen, in: Die Zeit Nr. 1 v. 30.12.2021, S. 32–33.

[108] *Hans-Gerd Krabbe*, Muss das sein? (Leserbrief), in: FAZ Nr. 159 v. 13.07.2021, S. 6.

Zeitung": „Es wird gegendert, was das Zeug hält, das gesprochene Gendersternchen kommt ausgiebig zum Einsatz. Überhaupt ist dieser ‚Tatort' den Werten der woken Generation verpflichtet wie kein anderer."[109] Im „Polizeiruf 110", in dem es um „Hildes Erbe" geht, geht es auch um's Gendern, denn: „Die Kollegen von der Spurensicherung gendern. Eine junge Polizistin wirft ihm im Vorbeigehen den Glottisschlag vor die Füße... ‚ihr seid Polen, ihr könnt nicht gendern'."[110]

Anders als die Polen kann die ARD-Moderatorin Anne Will durchaus gendern: Ein aufmerksamer Zuschauer nahm zur Kenntnis, dass Anne Will von „wählerinnenwirksamen Antworten" sprach, womit sie ein generisches Femininum verwendete, „bei dem sich die Männer wohl mitgemeint fühlen sollten".[111] In der Sprechweise von Anne Will tummeln sich „Mitglieder*innen".[112] Es sind zwei weibliche Autorinnen, die zum Gendern in Fernsehsendungen feststellen: „Das Gender-Scheuklappen-Denken der öffentlich-rechtlichen Sender jedenfalls zeigt deutlich, wie sehr diese in ihrem eigenen Saft schwimmen und die Bodenhaftung zur Realität der Sprache und den Menschen verloren haben" und „Die gendergerechte Kunstsprache, die in weiten Teilen des Landes kaum jemanden interessiert, ertönt mittlerweile auch beim öffentlich-rechtlichen Radio und Fernsehen."[113]

Die ZDF-Moderatorin Marietta Slomka wurde in einem Interview gefragt: „Welche Interviewpartner:innen machen am meisten Spaß?" Die ziemlich langatmige Antwort ist im vorliegenden Zusammenhang nicht von Interesse, wohl aber der Ort der Veröffentlichung, nämlich „DB mobil. Das Magazin der Deutschen Bahn". In diesem Magazin (in der Ausgabe Mai 2022) wird zwar nicht durchgehend gegendert, aber

---

[109] *Marion Löhndorf*, Ein Fall für das Gendersternchen. Der Hamburger „Tatort" ermittelt undercover in der linken WG, in: NZZ v. 13.06.2022 Internationale Ausgabe S. 10.

[110] *Heike Hupertz*, Ein Mann wie sie – Männersache? „Polizeiruf 110" aus Frankfurt (Oder), zu „Polizeiruf 110 – Hildes Erbe", in: FAZ Nr. 24 v. 29.01.2022, S. 16.

[111] *Wilfried Kürschner* (Anm. 34).

[112] Zitiert bei *Judith Sevinç Basad* (Anm. 10).

[113] *Doro Wilke*, Von queeren Bären und Gender-Taliban, in: Sprachnachrichten Nr. 92 (IV/2021), S. 11 (erstes Zitat) und *Christina Neuhaus*, Blochers Kalb und der Menzi Muck von Accola, NZZ v. 20.10.2022 Internationale Ausgabe S. 13 (zweites Zitat).

doch mehrmals: zu lesen ist z. B. die Ausbildung zu „Kampfschwimmer:innen" der Bundeswehr (S. 49) und die Bitte an „eine:n Schriftsteller:in" sich ein Verluststück bei den Fundstellen der Deutschen Bahn auszusuchen (S. 68). In einem anderen Heft von DB mobil (Juni 2022) lautet die Unterzeile zur Überschrift des Beitrages „Die Gedanken sind frei": „Gegen die Schreibblockade an den Weiher oder zum Grillen auf das Rollfeld – zwölf Schriftsteller:innen verraten ihre Lieblingsorte" (S. 51). Der Redaktion von DB mobil war offensichtlich nicht bekannt, dass die Schriftstellerin Elke Heidenreich das Wort „Schriftsteller:in" für „idiotisch" erklärt hat.[114] Wenn also schon die Deutsche Bahn anfängt, auf die Gendersprache abzufahren, dann lässt sich der zunehmende Gebrauch des Genderns nicht mehr negieren: „Die von einer ideologischen Gruppe forcierte Gendersprache verbreitet sich zusehends, wie man in Medien und bei manchen Politikern sieht."[115] Die Verbreitung der Gendersprache ist allerdings bisher noch auf einige Bereiche der Gesellschaft beschränkt. Erwähnt ist bereits der Bereich der Kultur, in dem Museen, Gedenkstätten und andere Institutionen häufig gendern, seltener (noch) belletristische Verlage. Fruchtbaren Boden findet die Verbreitung der Gendersprache in Institutionen und Organisationen, in denen Gleichstellungsbeauftragte („Referate", „Leitstellen" o. ä.) etabliert sind, also vor allem in Gemeindeverwaltungen, aber auch an Hochschulen, in denen zudem Professuren für Genderstudies existieren. Berücksichtigt man Anzahl und Einfluss der organisierten Genderaktivisten so ist der Ausdruck „Genderindustrie" nicht von der Hand zu weisen. Welche finanziellen Summen aufgewendet werden, zeigt das Beispiel der in den USA von Mac Kenzie Scott und Melinda French Gates gegründeten „Equality

---

[114] *Elke Heidenreich*, zitiert in: „Frauen, die intellektuell sind, haben viele Feinde. Männer wollen solche Frauen nicht." Elke Heidenreich kritisierte letzthin eine grüne Nachwuchspolitikerin und erntete einen Shitstorm. Die Schriftstellerin und Literaturkritikerin erklärt im Gespräch mit Claudia Schwartz, weshalb die Literatur uns retten kann, aber nicht die Gendersprache (Interview), in: NZZ v. 11. 11. 2021 Internationale Ausgabe S. 7.

[115] *Anton Haas*, Der unsinnige Klimaschutz (Leserbrief), in: FAZ Nr. 46 v. 24. 02. 2022, S. 25. „Der zunehmende Gebrauch" der Gendersprache wird erwähnt von *Hannah Bethke / Ivo Mijnssen / Nils Pfändler*, Die ewige Angst vor dem Sprachverfall. Die erste Pisa-Studie von 2000 war für die deutschsprachigen Länder ein Weckruf – doch das Sprachdefizit ist seither noch grösser geworden, in: NZZ v. 17. 01. 2022, S. 6.

Can't Wait Challenge"-Initiative, die bis 2030 rd. 40 Millionen Dollar allein für die Geschlechtergerechtigkeit ausgeben will.[116]

Was die Praxis in Wirtschaftsunternehmen betrifft, so wird im „Spiegel" eine Untersuchung mit der Überschrift zitiert: „Fehlendes Gendern lasse Arbeitgeber eher altmodisch und für jüngere Zielgruppen weniger attraktiv erscheinen".[117] Berichtet wird allerdings auch, dass „die Dax-Chefs versuchen, das oft kontrovers diskutierte Thema zu umschiffen."[118] Vermutlich praktizieren Wirtschaftsunternehmen das Gendern vor allem dann, wenn darin Vorteile für das Marketing oder für ihre Imagepflege oder für das innerbetriebliche Klima erwartet werden. Solche Beifall suchenden Aktivitäten können aber auch gegenteilige Effekte auslösen. Als die für Job-Inserate zuständige Abteilung der Schweizer Großbank UBS (Union de Banques Swisses) eine Liste mit „alternative words for popular male-biased words" erstellte, um sicherzustellen, dass die Sprache in den Annoncen unbedingt „gender-neutral" sei, erntete die Bank Spott und Kritik.[119] Was das Betriebsklima betrifft, so kann dies allerdings durch von oben angeordnetes Gendern auch gestört werden, wie die diesbezügliche Klage eines VW-Mitarbeiters gegen die mit VW verflochtene Unternehmensleitung von Audi zeigt.[120]

---

[116] *Rewert Hoffer*, Philanthropinnen spenden mehr und anders, in: NZZ v. 15.02.2022 Internationale Ausgabe S. 17.

[117] Zusammenfassung eines Interviews zu einer Untersuchung des Kölner Rheingold-Instituts, zit. in: Studie zu geschlechtergerechter Sprache. Gendern polarisiert auch in der jungen Generation, Der Spiegel, https://spiegel.de/kultur/gendern-als-stolperfalle.

[118] Notiz: *guth*, Dax-Chefs umschiffen das Gendern, in: FAZ Nr. 113 v. 18.05.2021, S. 20.

[119] Siehe Inside Paradeplatz, UBS absurd: Gender-Index für Job-Inserate. https://insideparadeplatz.ch/2022/05/20/ubs-absurd-gender-wort-index-fuer-job-inserate/.

[120] Darstellung des Falles: *ikop*, Angriff auf die Gender-Sprache. Audi lehnt gütliche Einigung im Gerichtsverfahren um einen sprachlichen Leitfaden ab / Urteil wohl im Juli, in: FAZ Nr. 137 v. 15.06.2022, S. 18. Zum Urteil: *ikop*, Kläger verliert Gender-Prozess. Audi: Sehen uns in sprachlichem Leitfaden gestärkt, FAZ Nr. 175 v. 30.07.2022, S. 23; *suk*, VW-Mitarbeiter scheitert mit Klage auf Unterlassung. Der Autobauer Audi darf weiter „geschlechtersensibel" kommunizieren, NZZ Nr. 176 v. 30.07.2022, S. 1; *Christina Kunkel*, VW-Mitarbeiter verliert gegen Audi im Gendersprache-Prozess. Er fühlte sich von Audis Genderleitfaden diskriminiert und klagte. Nun entscheidet ein Gericht im

XII. Gendern spaltet

Der Streit bei VW-Audi mag ein innerbetrieblicher Einzelfall sein. Tatsache ist allerdings, dass der Gebrauch der Gendersprache nicht nur zu Problemen in Einzelfällen führt. Registriert worden ist vielmehr, dass der Gebrauch der gendergerechten Sprache „bei Befürwortern wie Gegnern Auslöser eines regelrechten Kulturkampfes geworden ist"[121], und: „Wir sollten die Sprache in Ruhe lassen... Das sprachlich aggressive Hervorheben des Eigenen befördert die gesellschaftliche Spaltung."[122] Ist das Bild einer gesellschaftlichen Spaltung aber vielleicht ein zu dramatischer Ausdruck für die Auswirkungen der Einführung der Gendersprache? Die Antwort auf diese Frage muss berücksichtigen, dass das Bild der Spaltung einer Gesellschaft heute nicht selten und auch anderenorts und in anderen Zusammenhängen beklagt wird. So wurde im Kampf um die Wahl des französischen Präsidenten dem politischen Konzept von Emmanuel Macron vorgeworfen, es „ist zwar erfolgreich, hat aber zu einer tiefen Spaltung der Gesellschaft geführt,"[123] und nach der Wahl hieß es: „Auch im Fall eines Sieges in der Parlamentswahl müsste Macron auf die tiefe Spaltung in der Bevölkerung Rücksicht nehmen, die sich in der Präsidentschaftswahl manifestiert hat."[124] Von dem US-amerikanischen Sprachwissenschaftler John McWhorter stammt ein Buch, dessen Titel in deutscher Übersetzung lautet: „Die Erwählten. Wie der neue Antirassismus die

---

Sinne des Konzerns – ein Urteil, das der Kläger aber „nicht so stehen lassen möchte", SZ Nr. 174 v. 30./31.07.2022, S. 21.

[121] *Hannah Bethke / Ivo Mijnssen / Nils Pfändler* (Anm. 115).

[122] *Leopold Federmair*, Wir sollten die Sprache in Ruhe lassen, in: NZZ v. 29.11.2021 Internationale Ausgabe S. 15.

[123] So der Fraktionsvorsitzende der Europäischen Volkspartei im Europaparlament Manfred Weber, zit. bei *Josef Kleinberger / Matthias Kolb*, „Schlimmer als der Brexit". In den EU-Institutionen geht die Sorge vor einem Sieg Le Pens um, in: SZ Nr. 85 v. 12.04.2022, S. 7.

[124] *Gerald Braunberger*, Macrons Dekade, in: FAZ Nr. 96 v. 26.04.2022, S. 15.

Gesellschaft spaltet."[125] Zur Corona-Pandemie in Deutschland schreibt die „Neue Zürcher Zeitung": „Die Pandemie hat die gesellschaftlichen Gräben vertieft, doch Scholz behauptet erneut, die Spaltung der Gesellschaft sei eine Mär. Tatsächlich ist die Spaltung evident... Die Spaltung der Gesellschaft spiegelt sich auch in der Impfquote. Mehr als elf Millionen Erwachsene in Deutschland sind ungeimpft... Die Spaltung der Gesellschaft verläuft zwar nicht durch ihre symmetrische Mitte, ein Problem ist sie trotzdem."[126] In Südkorea, so wurde berichtet, wuchs die Gender-Frage „sich zu einem wahlentscheidenden Faktor aus. Die Männer und Frauen zwischen zwanzig und dreißig waren in zwei politische Lager geteilt, und die raue Kampfrhetorik offenbarte, wie ernst das Problem war."[127] Spaltung der Gesellschaft wird hier also mit Teilung in politische Lager umschrieben, einer von mehreren inhaltlich gleichen Formulierungen wie z.B. der von der Chefredakteurin des „Philosophie-Magazins" und Feministin Svenja Flaßpöhler gemachten Aussage, „der Kampf benachteiligter Gruppen um Anerkennung habe mittlerweile zu gesamtgesellschaftlicher Zersplitterung geführt".[128] In einem Bericht über Punkteabzüge an Züricher Hochschulen für Nichtgebrauch geschlechtergerechter Sprache ist zu lesen: „Die Diskussion um gendergerechte Sprache ist hochemotional. Die Gräben zwischen radikalen Sprachbewahrern und den unbeugsamen Gendersternbefürworterinnen scheinen unüberwindlich."[129] Gleich-

---

[125] *John McWhorter*, Die Erwählten. Wie der neue Antirassismus die Gesellschaft spaltet, Hamburg 2022. Originalausgabe: Woke Racism. How a New Religion Has Betrayed Black America, New York 2021. Positive Sicht der Spaltung: *Christian Marty*, Zum Glück ist die Gesellschaft gespalten. Die Welt wird komplexer, der Ruf nach verbindlichen Werten wird lauter. Doch Freiheit hat ihren Preis, NZZ v. 23.07.2022 Internationale Ausgabe S. 10: „Die Geschichte der modernen Kulturen ist eine Geschichte kontinuierlicher Spaltungen."

[126] *Jona Hermann*, Kanzler Scholz und die SPD überdrehen, in: NZZ v. 17.12.2021 Internationale Ausgabe S. 15.

[127] *Hoo Nam Seelmann*, Der Kampf der Geschlechter stellt Südkoreas gesellschaftlichen Konsens infrage. Die Feminismus-Debatte hat die jüngste Präsidentschaftswahl geprägt- mittlerweile fühlen sich fast alle benachteiligt, in: NZZ v. 31.03.2022, S. 34.

[128] Bericht Feministin kritisiert Totalitarismus der Linken, in: JF Nr. 28/19 v. 5.07.2019, S. 16.

[129] *Nils Pfändler*, Wer nicht gendert, wird bestraft. An Zürcher Hochschulen drohen Punktabzüge, wenn keine geschlechtergerechte Sprache verwendet wird,

gültig, wie man die durch die Gendersprache bewirkte Spaltung der Gesellschaft umschreibt,[130] ob mit „Gräben" oder „Zersplitterung" oder „Teilung in Lager" oder „Polarisierung", sie wird jedenfalls als Faktum in der Öffentlichkeit wahrgenommen.

Für die Beurteilung dieser Spaltung, insbesondere im Hinblick auf deren gesellschaftliche Tragweite, sind drei Feststellungen relevant:

1. Die Spaltung zwischen denen, die gendern und denen, die nicht gendern, ist weit mehr als nur eine der ungezählten Meinungsverschiedenheiten, die in wohl jeder menschlichen Gemeinschaft üblich sind. Die Besonderheit der durch das Gendern bewirkten Spaltung liegt zunächst darin, dass Sprechen und Schreiben nicht nur gelegentliche, sondern alltägliche Kommunikationsvorgänge sind. Auch kann man im Fall einer Meinungsverschiedenheit dieser z. B. durch Schweigen aus dem Weg gehen, während es beim Gendern nur ein „Ja" oder „Nein" gibt: Entweder man gendert oder man gendert nicht – tertium non datur würde man auf Latein sagen: Ein Drittes gibt es nicht.

2. Die durch die Gendersprache bewirkte Spaltung der Gesellschaft ist nicht nur eine an sich verständliche Spaltung zwischen einem unterschiedlichen Sprachgebrauch von Männern einerseits und von Frauen andererseits; denn die Trennlinie verläuft gerade nicht exakt zwischen den Geschlechtern: Auch wenn statistische Angaben dazu fehlen, wird zwar die Vermutung zutreffen, dass es mehr weibliche Genderaktivistinnen als männliche Genderaktivisten gibt, aber Tatsache ist auch, dass längst nicht alle Frauen gendern, und dass umgekehrt auch Männer gendern, wofür der bereits erwähnte Fernsehmoderator Claus Kleber als ein zwar nicht häufiges, aber immerhin prominentes Beispiel genannt werden kann. Verläuft die Trennlinie also nicht zwischen den Geschlechtern, so existiert doch eine andere, nicht unproblematische Spaltung, die – einfach gesagt – den sozialen Status betrifft. An Beispielen veranschaulicht: Die Kuratorin in einem Museum mag gendern, die Garderobenfrau nicht. Ein Architekt kann

---

in: NZZ v. 16.04.2022, S. 16; s. auch *Daniel Gerny*, Notenabzug wegen Wokeness-Mangels? Die ZHAW hat sich mit ihrem Sprachleitfaden verrannt, NZZ v. 23.09.2022 Internationale Ausgabe S. 24.

[130] Eine Spaltung der Gesellschaft befürchten laut der Studie „Jugend in Deutschland – Sommer 2022" nicht weniger als 40 Prozent der jungen Menschen in Deutschland (Bericht „Jugend bleibt im Krisenmodus"), in: FAZ Nr. 103 v. 04.05.2022, S. 7.

gendern, der Bauarbeiter nicht. Die Professorin für Gender Studies kennt dieses Metier, die Kassiererin im Supermarkt nicht. Allgemeingültig formuliert: Es sind die Angehörigen von Eliten, die das Instrument der Gendersprache beherrschen, nicht havenots. Zutreffend weist die Schweizer Journalistin Claudia Schwartz darauf hin: „Es sind heute wie damals die höher Gebildeten, die eine Entwicklung hin zu geschlechtergerechter Sprache befürworten, es ist also eine elitäre, linksintellektuelle, akademische Bewegung"[131], so wie sich „einstmals die Bildungselite durch den Gebrauch lateinischer Begriffe zu erkennen gab"[132]. Wenn der Gebrauch der Gendersprache also ein Elitenprojekt ist, dann ist die daraus folgende Spaltung der Gesellschaft unausweichlich.

3. Auf eine zusätzliche Spaltung macht Daniel Deckers in seinem Artikel „Der Preis der Geschlechtergerechtigkeit" aufmerksam, dann nämlich, „wenn Manipulationen von Ortho- und Typographie geeignet sind, das Erlernen und die Anwendung von Grammatik und Wortschatz zu erschweren. Davon betroffen sind nicht nur Schüler und Personen, die Deutsch als Zweit- oder Fremdsprache erlernen wollen. In einer Einwanderungsgesellschaft, in der Spracherwerb ein Schlüssel zu gesellschaftlicher Integration und beruflicher Qualifikation ist, wirkt diese Form der Sprachpolitik ausgrenzend."[133] Interessant ist in diesem Zusammenhang, dass diese Ausgrenzung von Einwanderern ausgerechnet von Aktivistinnen bewerkstelligt wird, die sich eigentlich und grundsätzlich für Identitätspolitik einsetzen, also für „die Bereitschaft, eine auf Minderheiten ausgerichtete Politik zu betreiben".[134] Die von Sahra Wagenknecht als „weltläufig und sprachsensibel" dargestellte

---

[131] *Claudia Schwartz*, Einfach mal locker bleiben. Dass geschlechtsspezifisch gekennzeichnete Wörter Frauen zu Respekt und Durchbruch verhelfen, darf man bezweifeln. Rassismus und Antisemitismus sind jedenfalls nicht verschwunden dank Sprachregelungen, in: NZZ v. 23.06.2021 Internationale Ausgabe S. 15.

[132] *Dieter Czajka* (Anm. 78).

[133] *Daniel Deckers* (Anm. 11).

[134] Umschreibung bei *Caroline Fourest*, Generation Beleidigt. Aus dem Französischen von Alexander Carstiuc / Mark Feldon / Christoph Hesse (Titel der Originalausgabe: „Génération offensée. De la police de la culture à la police de la pensée", Paris 2020), Berlin 2020, S. 58.

„lifegestylte Linke",[135] betreibt also mit dem Gendern gerade keine Inklusion, sondern ordnet sich in das Biotop ein, das Sahra Wagenknecht als „Bessergestellte unter sich" kritisch beschreibt.[136]

4. Von den durch das Gendern ausgegrenzten Einwanderern sind die Ausländer zu unterscheiden, die die deutsche Sprache erlernen wollen. Über die abnehmende Verbreitung der deutschen Sprache,[137] insbesondere auch als Wissenschaftssprache, ist bereits viel geschrieben worden. Ob diese negative Entwicklung sich aufhalten lässt, ist ungewiss. Unbestreitbar ist jedoch, dass eine gegenderte Sprache nicht geradezu einlädt, die deutsche Sprache zu erlernen. Ein Hochschullehrer, der nach eigenem Bekunden jahrelang englischsprachige Vorlesungen gehalten hat, bemerkt zu der „gerade im universitären Bereich um sich greifenden Gendersprache" zutreffend: „Da wird kein Ausländer Lust haben, sich zusätzlich zu der ohnehin komplizierten Sprache auch noch in das Sternchenunwesen einzuarbeiten, und auch ich werde Verfasser*innen solcher Traktate demnächst fragen, ob sie mir nicht eine englische Übersetzung anbieten können."[138] Kritik an der Erschwerung des Erlernens der gegenderten deutschen Sprache hat nichts mit Sprachchauvinismus zu tun, aber viel mit Verständnis und Höflichkeit gegenüber Menschen einer anderen Muttersprache.

5. Wenn von Menschen mit einer anderen Muttersprache die Rede ist, so gerät der Blick auch über die Grenzen der Bundesrepublik hinaus. Daniel Deckers leitet seinen bereits mehrmals erwähnten Leitartikel „Der Preis der Geschlechtergerechtigkeit" mit dem Hinweis ein: „Verständlichkeit und Einheitlichkeit einer Sprache sind ein hohes Gut, zumal beim Deutschen. Anders als fast alle anderen europäischen Sprachen umfasst es noch heute verschiedene Kulturräume; landesweit oder regional ist das Deutsche Amtssprache in sieben Ländern."[139] Wer die deutsche Sprache eigenmächtig durch Gendern verändert, bleibt

---

[135] *Sahra Wagenknecht*, Die Selbstgerechten. Mein Gegenprogramm – für Gemeinsinn und Zusammenhalt, Frankfurt am Main 2021, S. 21.

[136] *Sahra Wagenknecht* (Anm. 135), S. 33 ff.

[137] Zur abnehmenden Zahl der Deutsch lernenden Schüler in Großbritannien (hier als Beispiel zitiert) s. den Bericht von dpa „Deutsch lernen? No, thanks", in: FAZ Nr. 304 v. 30.12.2021, S. 12.

[138] *Klaus Stocker*, Sprachschattierung (Leserbrief), in: FAZ Nr. 47 v. 25.02.2022, S. 23.

[139] *Daniel Deckers* (Anm. 11).

deshalb und damit nicht nur innerhalb des deutschen Gartenzaunes (der Jurist würde in Bezug auf fremde Hoheitsakte von „extraterritorialer Wirkung" sprechen). Richtig ist zwar, dass auch in Österreich und in der Schweiz munter drauf los gegendert wird, aber offenbar nicht in demselben Ausmaß wie bei uns. Jedenfalls aber fehlt für die Gendersprache eine ähnliche Institution wie der Deutsche Rat für Rechtschreibung, so dass es beim Gendern zwar nicht an Unübersichtlichkeit, Zersplitterung und eben Spaltung fehlt, wohl aber an Koordinierung und an einem Minimum an Einheitlichkeit. Mit dieser Feststellung soll nicht in Abrede gestellt werden, dass Wildwuchs im Garten der Sprache nicht selten ist, und zwar sowohl z. B. in der Umgangssprache wie auch in der Belletristik: Wenn ein Literat einen Roman in Kleinschreibung verfasst – ungewöhnlich, aber: why not? Anderes muss zumindest für die Amtssprache und für die Rechtssprache gelten[140], aber auch für den Bereich staatlicher Schulen und Hochschulen[141]. Die öffentlich-rechtlichen Rundfunkanstalten sollten sich schon wegen des Neutralitätsgebotes und ihrer Finanzierung durch Zwangsgebühren nicht einer parteipolitisch affinen Sprachideologie andienen.

---

[140] Dazu *Günter Bertram*, „Geschlechtergerechtigkeit" in der Rechtssprache, in: ZRP 2019, S. 59. – Zu dem ursprünglich von der damaligen Bundesjustizministerin vorgelegten, später aber geänderten Entwurf des „Gesetz zur Fortentwicklung des Sanierungs- und Insolvenzrechts", in dem fast ausschließlich feminine Personenbezeichnungen verwendet wurden, s. *Peter Eisenberg* (Anm. 76).

[141] Zutreffend kritische Bestandsaufnahme bei *Peter Allgaer / Rolf Schwartmann*, Vorrang hat die Verständlichkeit. Viele Hochschulen empfehlen ihren Mitarbeitern das Gendern oder schreiben es sogar vor. Die Wissenschaftsfreiheit setzt ihnen Grenzen, in: FAZ Nr. 274 v. 24.11.2021, S. N 4; *Dagmar Lorenz* (Anm. 77); *Alexander Kissler*, Sprachvorschriften. Der Zwang zum Gendern schadet allen, in: NZZ v. 20.07.2021 Internationale Ausgabe, S. 14; *Wolfgang Krischke* (Anm. 47); *Thomas Thiel*, Bitten und Befehle, Zur Genderpflicht an deutschen Hochschulen, in: FAZ Nr. 39 v. 16.02.2022, S. N 4. *Harald Tews*, Die Dialektik der Minderheiten. In den Universitäten tobt ein Kulturkampf – Die Genderideologen sind dabei, alle wissenschaftlichen Bereiche zu erobern, PAZ Nr. 32 v. 12.08.2022, S. 9.

XIII. Parteipolitische Affinität

Die Formulierung „parteipolitisch affin" ist hier bewusst gewählt, ohne dass damit ein kritischer oder gar polemischer Beiklang verbunden ist. Tatsache ist, und dies ist kein Geheimnis, dass Bündnis 90/ Die Grünen sich erklärtermaßen für die Gendersprache einsetzt. Dokumentarisch dafür steht das Wahlprogramm der Grünen für die Bundestagswahl 2021. Unter der Überschrift „Zwangsbeglückung der Sprachgemeinschaft. Das Wahlprogramm der Grünen benutzt konsequent Genderformen mit Genderstern, das macht das Lesen schwer" hat der Philologe und Sprachwissenschaftler Horst-Haider Munske das Programm unter dem Aspekt des Genderns eingehend analysiert. Als „Erkennungsmerkmal" sieht der Autor den sogenannten Genderstern („schon 2015 hatten die Grünen beschlossen, den Genderstern für ihre Klientel verpflichtend zu machen"), „und die Abwandlung aller maskulinen Personenbezeichnungen in feminine Formen. So werden aus den Bürgern die Bürger*innen, und das etwa hundert Mal auf den 110 Seiten des Programms, in dem 570 Mal gegendert wurde... Die Gendersprache ist Teil des Grünen-Selbstverständnisses."[142] Das Engagement der Grünen für die Gendersprache datiert nicht erst seit der Bundestagswahl von 2021; schon im Jahre 2017 sollten „Bürger*innen" anstelle von „Bürgerinnen und Bürger" erscheinen, weil das – so die Begründung – auch diejenigen mit einschließe, „die sich in der binären Geschlechterkategorisierung nicht wiederfinden".[143] Selbst eindeutig abwegiges Gendern kommt aus grünem Mund: Annalena

---

[142] *Horst-Haider Munske*, Zwangsbeglückung der Sprachgemeinschaft. Das Wahlprogramm der Grünen benutzt konsequent Genderformen mit Genderstern, das macht das Lesen schwer, in: FAZ Nr. 167 v. 22.07.2021, S. 6. Siehe auch *Robert Habeck*, Wer wir sein könnten. Warum unsere Demokratie eine offene und vielfältige Sprache braucht, 5. Aufl. Köln 2018, S. 92: „Wir Grünen zum Beispiel benutzen in unseren offiziellen Texten wie selbstverständlich den Gender Star, um sichtbar zu machen, dass alle Menschen in der Sprache ihren Platz haben."

[143] Zitiert bei *Henrike Roßbach*, Grüne Sorgen, in: FAZ Nr. 137 v. 16.06. 2017, S. 17.

Baerbock sprach bei Anne Will vom „Bund der Steuer*innenzahler", auch eine nicht korrekte Wiedergabe des Namens des Bundes der Steuerzahler. Wie wichtig eine Politikerin der Grünen das Gendern auch in einer extremen Situation nahm, zeigt die bekannte Reaktion der damaligen rheinland-pfälzischen Umweltministerin und späteren Bundesfamilienministerin Anne Spiegel im Zusammenhang mit der Hochwasserkatastrophe im Ahrtal am 14. Juli 2021: Eine Pressemitteilung ihres Ministeriums „Angespannte Hochwasserlage in Rheinland-Pfalz" gab die Ministerin mit dem Kommentar frei: „Konnte nur kurz darauf schauen, bitte noch gendern CampingplatzbetreiberInnen, ansonsten Freigabe."[144] Es war der Abend, an dem an der Ahr 134 Menschen in den Fluten starben und mehr als 700 verletzt wurden.[145] Nach ihrem Rücktritt als Bundesfamilienministerin wurde, auch vom Bundespräsidenten[146], eine in diesem Fall neben der Sache liegende Debatte über die Vereinbarkeit von Politik und Familie ausgelöst, um Anne Spiegels Fehlverhalten zu entschuldigen. Zutreffend wird sogar in der Schweizer Publizistik die Behauptung zurückgewiesen, „Frau Spiegel sei aufgrund eines Familienurlaubs mit ihrem kranken Mann und den vier Kindern in die Kritik geraten – und nicht etwa, weil sie die Gefahr der Flut, die 134 Menschen das Leben gekostet hat, grob unterschätzte. Auch nicht, weil es ihr und ihrem Team, wie aus Chat-Protokollen hervorging, zuvörderst um das eigene Image und korrekt gegenderte Sprache in Pressemitteilungen ging und nicht um schnelle Opferhilfe."[147] Die Zahl der Todesopfer erhöhte sich später auf 184 (Stand: 14.07.2022). Ein Leserbrief bringt den Fall schließlich auf den Punkt: „Sie hat sich als damalige für den Hochwasserschutz zuständige

---

[144] Zitiert in Notiz „Spiegel nicht erreichbar", in: FAZ Nr. 59 v. 11.03.2022, S. 6.

[145] *Julian Staib*, Essen gegangen und „Bierchen" getrunken. Angaben Anne Spiegels und ihrer Mitarbeiter zur Flutnacht werfen weitere Fragen auf, in: FAZ Nr. 61 v. 14.03.2022, S. 5 (dort auch das Zitat am Morgen nach der Flutnacht: „wir brauchen ein wording, dass wir rechtzeitig gewarnt haben").

[146] Zutreffend *Reinhard Müller*, Weltfremde Politiker, in: FAZ Nr. 96 v. 26.04.2022, S. 8: „Hier irrt der Bundespräsident: Anders als Steinmeier meint, hat der Rücktritt von Anne Spiegel gar nichts mit der sogenannten Vereinbarkeit von Beruf und Familie zu tun."

[147] *Annabel Schunke*, Machtgeile Familienministerin. Ich bin es leid, dass für Verfehlungen von Frauen immer Entschuldigungen gefunden werden, in: Die Weltwoche 90. Jg. Nr. 16 v. 21.04.2022, S. 39.

Umweltministerin von Rheinland-Pfalz am Nachmittag vor der Flutkatastrophe nicht um eine intensive Warnung vor dem Geschehen gekümmert, sondern nur um das Gendern („Campinplatzbetreiber:innen") in einer undramatischen Pressemitteilung und sich anschließend zum Essen mit einem Parteifreund zurückgezogen."[148]

Wenn von gendernden Mitgliedern von Bündnis 90 / Die Grünen die Rede ist, so sollte fairerweise aber auch eine Ausnahme erwähnt werden. Gemeint ist der Ministerpräsident von Baden-Württemberg Winfried Kretschmann. Über ihn wird berichtet, „er steht dem Trend zur geschlechtergerechten Sprache skeptisch gegenüber", und „er wolle sich den Mund nicht von ‚Sprachpolizisten' verbieten lassen"; vermutlich deshalb wurde im Koalitionsvertrag von Grünen und CDU in Baden-Württemberg auf die Verwendung des Gendersternes verzichtet; Personen wurden darin mit ihrer weiblichen und männlichen Bezeichnung umschrieben.[149] Die Skepsis des populären Winfried Kretschmann ließe sich immerhin mit der in anderem Zusammenhang, nämlich anlässlich des Aufrufes einiger Autoren, im Bundestag eine eigene „Parlamentspoetin" zu installieren, geäußerten Meinung der Bundestagsvizepräsidentin Katrin Göring-Eckardt (Bündnis 90/Die Grünen) unterfüttern: „Eine starke Kultur und ein wertschätzender Umgang mit unserer Sprache sind essenziell für jede offene Gesellschaft."[150]

Zu den Parteien, „die das politische Milieu des gender- und identitäts-politischen Sprachaktivismus bilden" (Formulierung von Wolfgang Krischke[151]), könnte auch die SPD gehören. „auch wenn nicht alle ihre Mitglieder und Wähler damit übereinstimmen".[152] Auch wenn

---

[148] *Heinz-Jürgen Wurm*, Besorgt um ihr Image als Ministerin (Leserbrief), in: FAZ Nr. 93 v. 22.04.2022, S. 25.

[149] Notiz Koalitionsvertrag ohne Gendersternchen, in: FAZ Nr. 97 v. 27.04.2021.

[150] Zitiert bei *Paul Jandl*, Günter Grass war der Totengräber der politischen Lyrik. Literatur verbessert die Welt nicht. Wenn sie es dennoch versucht, verschlechtert sie nur sich selber, in: NZZ v. 01.02.2022 Internationale Ausgabe S. 9.

[151] *Wolfgang Krischke*, Links ist man höflich, rechts wird gekämpft. Der Direktor des Instituts für Deutsche Sprache leistet sich eine überaus fragwürdige Streitschrift (Buchbesprechung), in: FAZ Nr. 168 v. 23.07.2021, S. 12.

[152] *Wolfgang Krischke* (Anm. 151).

exakte statistische Angaben zu dieser Aussage fehlen, dürfte die darin liegende Relativierung zutreffen. Für die Sozialdemokratische Partei (SP) der Schweiz liegt immerhin die klarstellende Aussage von deren CO-Präsidentin Mattea Meyer vor, die feststellt: „Wir sind nicht die Partei des Gendersterns."[153] Aus der linksextremen Szene in Bremen wurde nach einem Brandanschlag auf ein Gebäude des Raumfahrtunternehmens „Orbitale Hochtechnologie Bremen" (OHB) ein Bekennerschreiben der Gruppe „Autonome Antimilitarist*innen" bekannt; ein Bekennerschreiben nach einem Brandanschlag in Leipzig formulierte: „Unsere Herzen brennen für alle Rebell*innen in den Verließen des Staates, die ihren Kampf weiterführen".[154]

---

[153] Zitiert bei *Samuel Tanner*, Die Partei der Verneinung. Die SP ist gefangen in Abwehrkämpfen – und verliert Wahl um Wahl, in: NZZ v. 23.03.2022 Internationale Ausgabe S. 28.

[154] Zitiert bei *Reinhard Bingener*, An der Schwelle zum Terrorismus? In Bremen häufen sich linksextreme Anschläge – und nicht nur dort. Die Polizei beobachtet, dass sich gewaltbereite Strukturen befestigen, in: FAZ Nr. 11 v. 14.01.2022, S. 4 (zu Bremen); *lock*, Mehrere Anschläge in Leipzig. Innenminister vermutet Linksextremisten dahinter, FAZ Nr. 261 v. 09.11.2022, S. 4 (zu Leipzig).

XIV. Moralisierende und polarisierende Rekurse

Die Spaltung zwischen Befürwortern und Gegnern der Gendersprache sollte man wohl noch nicht zu einem Kulturkampf hochstilisieren. Aber die Härte der Auseinandersetzung spiegelt sich in der Sprache wider, die nicht selten von Hass und Hetze geprägt ist. „Rechts" ist noch eine milde Verurteilung; härter sind „Nazi", „Rassist", „Faschist". Bemerkenswert ist dabei, dass gerade Frauen kritisch auf diese Beschimpfungen aufmerksam machen; hier einige Beispiele: Die Journalistin und Publizistin Judith Sevinç Basad schreibt: „Die Social-Justice-Bewegung hat mit ihrem Populismus die Moral komplett für sich gepachtet: Nur wer gemeinsam mit Feministinnen ‚The future is female!' ruft und Sternchen setzt, ist auch ein guter Mensch. Jeder, der die Bewegungen und ihre Maßnahmen kritisiert, ist indes ein schlechter Mensch, ein Nazi oder ‚rechts'".[155] Sarah Pines, die die Ersetzung des Wortes „Frau" auf Formularen kritisiert, stellt fest: „Frauen, die an der weiblichen Biologie von Transfrauen zweifeln, Bezeichnungen wie „menstruierende Person" ablehnen, werden als bigotte Faschisten bezeichnet.[156] Die Sprachwissenschaftlerin Ewa Trutkowski meint: „Was die Diskussion um das generische Maskulinum und gendergerechte Sprache am meisten vergiftet, ist jedoch nicht der Kampf im akademischen Diskurs, sondern deren politische Anheimstellung. Es ist deprimierend zu beobachten, wie wissenschaftliche Debatten durch moralisierende und politisierende Rekurse geistig enthauptet werden. So auch hier: Wer gendert, ist lieb und links. Wer es nicht tut – und auch nicht tun will – böse und rechts."[157] Elke Heidenreich, die es gewagt hat zu äußern „Das Gegendere trägt doch überhaupt nicht zur Gleichberechtigung bei", wird als „Empörungs-

---

[155] *Judith Sevinç Basad* (Anm. 10).
[156] *Sarah Pines* (Anm. 28).
[157] *Ewa Trutkowski* (Anm. 8).

peitsche" niedergemacht,[158] obwohl immerhin Karin Howard Elke Heidenreich beipflichtet: „Ich war sofort auf Elkes Seite. Ich finde, sie hat total recht."[159] Als Pranger dient nicht selten das Netz, so zum Gebrauch des M-Wortes: „Wer auch nur leise in Zweifel zieht, dass die Benennung einer feinen Süßspeise durch den Volksmund mit der Herabsetzung ganzer Bevölkerungsgruppen gleichzusetzen sei, wird im Netz sofort virtuell verhaftet und mit Gebrüll in die höchst unappetitliche Ecke der Rassisten gestellt."[160]

Im Unterschied dazu wird die Herabsetzung von Menschen mit weißer Hautfarbe nicht als Rassismus bewertet. Ein erstaunliches Beispiel hierfür lieferte die Sprecherin der Jugendorganisation von Bündnis 90/Die Grünen Sarah-Lee Heinrich mit ihrer Bemerkung von der „ekligen weißen Männergesellschaft". Als die Schriftstellerin Elke Heidenreich diese Bemerkung für unpassend hielt, wurde sie nach eigenem Bekunden „als Rassistin bezeichnet".[161] Die absurde Moral von der Geschichte: Wer eine eindeutig rassistische und sexistische Äußerung („eklige weiße Männergesellschaft") missbilligt, wird als „Rassistin" beschimpft. Relevant ist in diesem Zusammenhang auch die Tatsache, dass der Ausdruck „eklige weiße Männergesellschaft" nicht von irgendeinem beliebigen Mitglied von Bündnis 90/Die Grünen stammt, sondern immerhin – wie erwähnt – von der Sprecherin von deren Jugendorganisation, also just von der Partei, die sich für eine „geschlechtergerechte Sprache" einsetzt.

Die Härte der politischen Diskussion und die Spaltung der Gesellschaft aufgrund des Genderns spiegelt sich auch in dem viel beachteten Buch der Journalistin Kübra Gümüşay „Sprache und Sein".[162] In einer kritischen Besprechung des Buches wird als dessen „fragwürdige Grundannahme" herausgestellt: „Im Deutschen dominiere eine weiße Perspektive der ‚Privilegierten', und ‚die anderen', also Frauen, Muslime und LGBT, könnten sich nicht artikulieren. Ja mehr noch: Der öffentliche Diskurs verweigere ihnen eine eigene Perspektive, mache

---

[158] Ausdruck von Marlene Knobloch, Liebe Genossinnen, liebe Scheißweiber, in: SZ Nr. 117 v. 21./22.05.2022, S. 3.
[159] Zitiert bei *Marlene Knobloch* (Anm. 158).
[160] *Urs Bühler* (Anm. 38). Es geht um das Wort „Mohr".
[161] *Elke Heidenreich* (Anm. 114).
[162] *Kübra Gümüşay*, Sprache und Sein, Berlin 2020.

sie zu ‚sprachlosen Wesen'."[163] Die Klage, dass Muslime „sich nicht artikulieren" könnten und zu „sprachlosen Wesen" gemacht würden, klingt aus dem Mund einer praktizierenden Muslimin, deren Buch auf der Liste bestverkaufter Bücher steht, eher hohl. Fragwürdig ist auch, worauf in einer anderen Besprechung zutreffend hingewiesen wird, ihre Unterteilung der Menschen in „die Unbenannten" (womit die Mitglieder der Mehrheitsgesellschaft gemeint sind) und „die Benannten" (nämlich die von der Mehrheit mit Kollektivnamen beschriebenen Minoritäten wie „Ausländer, Jude, Muslim, Homosexueller").[164] Kritikwürdig ist schließlich auch die anklagende Unterteilung in Täter und Opfer: Die Unbenannten sind für die Autorin „die Täter, die sich an der anderen Kategorie von Menschen als Opfern vergehen, nämlich an ‚den Benannten'. Täter sind sie, weil sie das Privileg genössen, sich als selbstverständliche Norm zu fühlen, während ihre Opfer sich darum bemühen müssten, dieser Norm zu entsprechen."[165] Mit dieser Klassifizierung in „Täter" und „Opfer" wird Sprache in die Nähe von Kriminalität gerückt; Kübra Gümüşay argumentiert auch sonst mit harten Bandagen, z. B. wenn sie betont, „dass sich Personen, die keine politisch korrekte Sprache verwenden wollten, zur ‚Ächtung von Menschen' bekennten".[166] Um noch einmal Sahra Wagenknecht zu zitieren: „Selbst die Sprache von Nicht-Akademikern wird vom Linksliberalismus niedergemacht, weil sie die immer neuen, immer abseitigeren Vorgaben für politische Korrektheit nicht erfüllen kann."[167] Wer nicht gendert, gehört, das ist noch die mildeste Kritik, zu den „Ewiggestrigen". Beide Seiten geben sich in dem oft emotional geführten Kampf nicht viel nach. Wenn Henning Lobin in seinem Buch „‚Sprachkampf'. Wie die Neue Rechte die deutsche Sprache instrumentalisiert"[168] „wütende Attacken von Gegnern des Genderns und der politischen Korrektheit" als zahlreiche Beispiele der „dort herrschen-

---

[163] *Judith Sevinç Basad*, Indianer und Privilegierte. Die Journalistin Kübra Gümüşay denkt über Sprache nach, in: NZZ v. 28.02.2020, S. 35.

[164] *Helmut Mayer*, Menschen im Museum. Kübra Gümüşay zelebriert Sprachkritik (Buchbesprechung), in: FAZ Nr. 118 v. 23.05.2020, S. 10.

[165] Wiedergabe bei *Helmut Mayer* (Anm. 164).

[166] Wiedergabe bei *Judith Sevinç Basad* (Anm. 10).

[167] *Sahra Wagenknecht* (Anm. 135), S. 333.

[168] *Henning Lobin*, „Sprachkampf". Wie die Neue Rechte die deutsche Sprache instrumentalisiert, Berlin 2021.

den Sprachverrohung" zitiert, „die Aggressivität von links hingegen nur am Rande" kritisiert,[169] so zeigt dies, dass der Autor (immerhin Direktor des Instituts für Deutsche Sprache) mit einem halbgeschlossenen Auge schreibt.

Wird die Diskussion der Frage Gendersprache – ja oder nein nur noch unter der Alternative „Gute Menschen" oder „Böse Menschen" geführt, so lautet die Antwort auf die Frage „Gendersprache: Kampf oder Krampf": Es geht offensichtlich um beides – um Kampf und Krampf.

---

[169] So *Wolfgang Krischke* (Anm. 47).

XV. Geforderte Chancengleichheit

Der Genderaktivismus zielt in allen seinen Ausprägungen, also auch in der Propagierung der Gendersprache, auf Beseitigung von Benachteiligung und Diskriminierung, positiv gewendet: auf Gleichberechtigung. Im Gespräch ist vor allem die Forderung nach Chancengleichheit in Politik und Wirtschaft, wofür in neuerer Zeit das – allerdings nicht unumstrittene, in mancher Beziehung sogar für verfassungswidrig erklärte – Instrument der Quoten angedacht oder bereits eingeführt worden ist. Bemerkenswert ist jedenfalls, dass der Genderaktivismus sich just in einem Zeitpunkt zu Worte meldet, als Frauen sowohl in Politik wie in Wirtschaft unbestreitbar und unübersehbar auf dem Vormarsch sind. Auch wenn in nicht wenigen Positionen noch Nachholbedarf besteht, so sind die Fortschritte doch eindrucksvoll, wenn man bedenkt, dass Frauen in Deutschland erst im Jahre 1919 das Wahlrecht auf nationaler Ebene erhielten.[170] Vorreiter in Sachen politischer Frauenpower sind die skandinavischen Staaten: Im Jahre 2022 wurden Dänemark, Finnland und Norwegen, bis September 2022 auch Schweden, von Ministerpräsidentinnen regiert. In Italien wurde nach der Parlamentswahl im selben Jahr mit Giorgia Meloni zum ersten Mal eine Frau Regierungschefin. Auch in etlichen anderen Staaten bekleiden Frauen entweder das Amt der Ministerpräsidentin (so z.B. in Estland) oder sogar das der Staatspräsidentin (wie z.B. in der Slowakei). Selbst in Ungarn wurde im gleichen Jahr eine Frau (Katalin Novák) zur Präsidentin der Republik gewählt. Nach über 70 Jahren Bundesrepublik wäre auch in Deutschland eigentlich eine Frau als Staatsoberhaupt (wie gendert man das?) „dran" gewesen; dem stand die Eitelkeit des Amtsinhabers, der sich für eine Wiederwahl ziemlich peinlich selber in's Gespräch gebracht hatte, im Wege. Angela Merkel galt in ihrer langjährigen Amtszeit als Bundeskanzlerin als mächtigste Frau Europas; zumindest mit der Öffnung der Grenzen für Flüchtlinge

---

[170] Überblick mit Beispielen bei *Heike Specht*, Die Ersten ihrer Art. Frauen verändern die Welt, München 2022.

("wir schaffen das") hat sie 2015 Geschichte geschrieben. Christine Lagarde als Präsidentin der Europäischen Zentralbank und Ursula von der Leyen als Präsidentin der Europäischen Kommission gestalten an herausragender Stelle europäische Politik.

Führungspositionen an der Schnittstelle von Politik und Wirtschaft erlangten 2022 Andrea Nahles als Chefin der Bundesagentur für Arbeit, immerhin Deutschlands größter Behörde mit rund 100.000 Mitarbeitern, und Yasmin Fahimi als (erste) Vorsitzende des Deutschen Gewerkschaftsbundes (DGB). Für die Mitglieder der Vorstände großer Wirtschaftsunternehmen sind inzwischen vom Gesetzgeber verpflichtende Frauenquoten vorgeschrieben; der Posten des Vorsitzenden des Vorstandes ist allerdings bisher noch selten in Frauenhand: Anfang 2022 führten nur zwei Frauen (neben 38 Männern) Unternehmen aus dem deutschen Aktienleitindex Dax.[171]

Was die Aufsichtsräte der großen börsennotierten Unternehmen betrifft, so ist auch hier eine frauenfreundliche Entwicklung zu beobachten: „Die Aufsichtsräte werden weiblicher und internationaler. Der Frauenanteil ist mittlerweile auf 35,5 Prozent gestiegen, der Anteil nichtdeutscher Aufsichtsräte auf über 40 Prozent", ist unter der Rubrik „Unternehmen" zu lesen.[172] Relevant ist in diesem Zusammenhang die Entscheidung im Rahmen der Europäischen Union, über die unter der Überschrift „Ursula von der Leyen bringt die Frauenquote durch" berichtet wurde.[173] Die Unterhändler von Kommission, Parlament und Rat der 27 Mitgliedstaaten der EU haben sich im Juni 2022 auf die Einführung einer Frauenquote für börsennotierte Unternehmen dahin geeinigt, dass spätestens 2026 mindestens 40 Prozent der Aufsichtsräte

---

[171] Dazu *Thiemo Heeg*, Die zweite Dax-Chefin, in: FAZ Nr. 104 v. 05.05.2022, S. 23.

[172] *Tillmann Neuscheler*, Stühlerücken in den Aufsichtsräten. Die Kontrollgremien der Dax-Unternehmen werden internationaler und weiblicher. Aktionärsschützer sehen aber auch Probleme, in: FAZ Nr. 122 v. 27.05.2022, S. 23.

[173] *Christoph G. Schmutz*, Ursula von der Leyen bringt die Frauenquote durch. Ab Mitte 2026 müssen große kotierte Firmen in der EU ihre Verwaltungsräte zu 40 Prozent mit Frauen besetzen, in: NZZ v. 09.06.2022, S. 23.

Frauen sein sollen; kritisch angemerkt ist allerdings die mangelnde Stringenz der Sanktionen bei Verfehlen der Quote.[174]

Bemühungen um eine stärkere Vertretung von Frauen in den Aufsichtsorganen von Wirtschaftsunternehmen sind nicht auf die Mitgliedstaaten der EU beschränkt. So ist z.B. auch in der Schweiz als einem Nichtmitglied der EU der Gesetzgeber insoweit frauenfördernd mit Richtwerten tätig geworden: Große börsenkotierte Unternehmen müssen im Verwaltungsrat einen Frauenanteil von 20 Prozent erfüllen. Als positives Ergebnis der diesbezüglichen Entwicklung in der Schweiz wird in der NZZ konstatiert: „Schweizer Führungsetagen werden weiblicher";[175] zugleich wird ein „Wettlauf um qualifizierte Frauen für Verwaltungsräte" beobachtet.[176] Zurücklehnen könnte Frau sich allerdings erst dann, wenn Spitzenpositionen mit Frauen nicht zumeist in Unternehmen der Medizinbranche oder in Medien oder in Modeunternehmen besetzt werden.[177] Nicht zu übersehen ist schließlich auch der Einfluss von Frauen über von ihnen gehaltene Eigentumsanteile an Unternehmen,[178] wofür die Namen Änne Burda, Heide Horten, Grete Schickedanz und Gabriele Henkel standen sowie Susanne Kladden (geb. Quandt), Liz Mohn und Friede Springer als bekannte Beispiele stehen. Die reichsten Menschen sind zwar immer noch Männer; aber Frauen holen in puncto Gesamtvermögen deutlich auf: ihr Anteil an der Anzahl der sog. High Net Worth Individuals (HNWI) steigt kontinuierlich.[179]

---

[174] Bericht *hmk* Einigung auf weiche EU-Quote. 2026 sollen 40 Prozent der Aufsichtsräte Frauen sein, in: FAZ Nr. 132 v. 09.06.2022, S. 19.

[175] *Nelly Keusch*, Schweizer Führungsetagen werden weiblicher. Der öffentliche Druck macht sich bemerkbar – dennoch sind andere Länder deutlich weiter, in: NZZ v. 05.03.2022, S. 27.

[176] *Nelly Keusch*, Wettlauf um qualifizierte Frauen für Verwaltungsräte. Schweizer Firmen haben im internationalen Vergleich noch Aufholpotenzial, in: NZZ v. 20.05.2022, S. 23.

[177] Beispiel zitiert bei *Andreas Babst*, Eine Chanel-Chefin aus Indien. Mit Leena Nair dürfte künftig eine Reformerin dem Modeunternehmen vorstehen, in: NZZ v. 18.12.2021 Internationale Ausgabe S. 18.

[178] Zum Thema Aktionärinnen allgemein: *Alexandra Stühff*, Frauen können Börse, in: NZZ v. 10.02.2022, S. 17.

[179] Dazu *Pierre Weill*, Immer mehr Frauen und Millennials unter den Wohlhabenden. Die Reichsten der Welt konnten im vergangenen Jahr ihr Vermögen um 8 Prozent steigern, in: NZZ v. 17.06.2022 Internationale Ausgabe S. 19.

XVI. Wichtigere Themen

Wenn von weiblichen Vorstandsmitgliedern, Aufsichtsratsmitgliedern und Anteilseignern die Rede ist, so handelt es sich dabei – ungeachtet ihrer damit verbundenen Verantwortung – um Frauen auf der „sunny side of the street". Unendlich viel mehr Frauen erleben aber Dunkles in ihrem Leben: Armut, Hunger, Ausbeutung, Zwangsverheiratung und nicht zuletzt sind sie Opfer von physischer Gewalt. Diesbezügliche Horrornachrichten kommen aus den verschiedensten Teilen der Welt. Über die Hauptstadt des bevölkerungsreichsten Landes der Erde (Delhi in Indien) wird berichtet, sie gelte „als eine der gefährlichsten Städte der Welt für Frauen"; nach der Vergewaltigung einer Studentin mit tödlichem Ausgang durch sechs Männer „kämpft Delhi gegen den Ruf, eine Stadt der Vergewaltiger zu sein".[180] Aus der Türkei wird berichtet, dass die Zahl der ermordeten Frauen (Femizide) sich in den letzten zehn Jahren vervierfacht habe; während 2011 noch 121 Frauen einem Mord zum Opfer gefallen waren, wurden im Jahr 2021 sogar „280 Frauen von Männern ermordet und 217 Frauen unter dubiosen Umständen tot aufgefunden."[181] Zu erwähnen sind auch die sog. „Ehrenmorde"; so wird aus dem Iran berichtet, dass dort die Zahl der Ehrenmorde zunimmt; „Opfer von Ehrenmorden sind oft schon im Kindesalter verheiratete Frauen aus unteren sozialen Schichten", wobei

---

[180] *Andreas Babst*, Unter Beobachtung. Die Stadt mit dem dichtesten Netz von Überwachungskameras liegt nicht etwa in China – es ist Indiens Hauptstadt Delhi, in: NZZ v. 07.04.2022 Internationale Ausgabe S. 6.

[181] *Bülent Mumay*, Keine Morde zählen, nicht die Inflation nennen! Erdogan stürzt die Türkei weiter ins Elend, wir steuern auf eine Tragödie zu, in: FAZ Nr. 96 v. 26.04.2022, S. 13, auch mit Hinweis auf die Kündigung der sog. Istanbul-Konvention durch die Türkei. Zur Situation in Mexiko s. *Franziska Pröll*, Elf Frauen an jedem Tag. In Mexiko grassieren Femizide. Nun will man für das Problem sensibilisieren, Wird es helfen?, FAZ Nr. 164 v. 18.07.2022, S. 7. Zur Schweiz: *Jan Hudec*, Vergewaltiger werden zu selten bestraft, NZZ v. 26.07.2022 Internationale Ausgabe S. 13.

„die Täter fast immer ungestraft davonkommen und auch wissen, dass sie nichts zu befürchten haben".[182] In Deutschland geschehen glücklicherweise „Ehrenmorde nur seltener; kommt es zu einer Anklage im Strafverfahren so findet diese meist starke Beachtung".[183] Bedrückend ist jedenfalls die Feststellung; „Eine der größten Gefahren für Frauen weltweit besteht darin, dass sie von jemandem ermordet werden, den sie einst geliebt haben."[184]

Weder häusliche Gewalt noch frühere Liebe erklären Vergewaltigungen durch fremde Soldaten im Krieg. Hierbei geht es vielmehr um pure sexuelle Gewalt, um „Beutemachen", oft „einfach" um Sadismus und um anderes mehr[185] – jedenfalls juristisch betrachtet um Kriegsverbrechen. Der ukrainische Schriftsteller Sergei Gerasimow erwähnt in seinem Kriegstagebuch aus Charkiw (auf deutsch: Charkow) einen kaum glaublichen Gesprächsfetzen: „Ein russischer Soldat namens Roman ruft seine Frau aus dem Krieg an und bittet sie um Erlaubnis, ukrainische Frauen zu vergewaltigen. Seine Frau Olga hat nichts dagegen. Sie sagt nur, er solle vorsichtig sein und sich schützen."[186] Einen Schutz der Opfer von Vergewaltigungen gibt es in diesem Krieg – wie in

---

[182] *Amir Hassan Cheheltan*, Ist die Frau Freiwild vor dem Gesetz? In Iran nimmt die Zahl der Ehrenmorde zu. Die Regierung sieht tatenlos zu. Kritikern sind die Hände gebunden, in: FAZ Nr. 55 v. 07.03.2022, S. 15.

[183] Beispiel zitiert bei *Julia Schaaf*, Sie wollte nur frei sein. In Berlin beginnt ein Prozess wegen „Ehrenmordes" gegen zwei Brüder, in: FAZ Nr. 52 v. 03.03.2022, S. 9; Motiv der angeklagten Brüder war u.a., dass ihre Schwester „eine teilweise modernere Lebensführung verfolgte"; ausführlich: *Enis Tiz*, Der Fall Sürücü. Ehrenmorde in Deutschland, Baden-Baden 2022.

[184] Text der Ankündigung der Sendung von SRF 1 Femizide. Die vergessenen Opfer.

[185] Zum Thema: *Miriam Gebhardt*, Als die Soldaten kamen. Die Vergewaltigung deutscher Frauen am Ende des Zweiten Weltkrieges, München 2015; *Ingo von Münch*, „Frau, komm!" Die Massenvergewaltigungen deutscher Frauen und Mädchen 1944/45, 3. Aufl. Graz 2013; *Gaby Zipfel / Regina Mühlhäuser / Kirsten Campbell* (Hg.), „Vor aller Augen". Sexuelle Gewalt in bewaffneten Konflikten. Aus dem Englischen von Ursel Schäfer und Enrico Heinemann sowie Regina Mühlhäuser und Gabriela Mischkowski, Hamburg 2021. – Eindringliche Darstellung im Roman von *Ralf Rothmann*, Die Nacht unterm Schnee, Berlin 2022.

[186] *Sergei Gerasimow*, Ungeduld des Herzens ist ein schlechter Ratgeber. Kriegstagebuch aus Charkiw, letzte Folge, in: NZZ v. 24.05.2022 Internationale Ausgabe S. 9.

XVI. Wichtigere Themen 75

anderen Kriegen auch – jedenfalls nicht. Und dass dieses Thema durch den russischen Angriffskrieg gegen die Ukraine im Jahre 2022 wieder eine schaurige Aktualität erlangen würde, hätte man sich vorher kaum vorstellen können,[187] auch wenn Putin in Anspielung auf eine Vergewaltigung der Ukraine gedroht hatte: „Ob es Dir gefällt oder nicht, du wirst dich fügen müssen, meine Schöne."[188]

Was haben das Thema der Förderung von Karrierechancen der Frauen und das Thema Gewalt gegen Frauen mit dem Thema Gendersprache zu tun – scheinbar nichts und doch viel, wie in der folgenden ersten These dargelegt.

---

[187] Zu den diesbezüglichen Vorkommnissen in der Ukraine: *Corinna Gall*, Leben zerstören, ohne zu töten. Die Berichte über Ukrainerinnen, die von russischen Soldaten vergewaltigt wurden, häufen sich, in: NZZ v. 26.04.2022 Internationale Ausgabe S. 5; *Tobias Schrörs* (Anm. 9).

[188] Zitiert bei: Im Kampf um die Zukunft der Ukraine. Die westukrainische Stadt Lwiw ist im Krieg zum Zufluchtsort und intellektuellen Zentrum geworden. Drei Begegnungen mit Menschen, die ihr Land mit friedlichen Mitteln und radikalen Ideen unterstützen, in: NZZ v. 28.04.2022 Internationale Ausgabe S. 2.

XVII. Thesen

1. Ob die Menschheit im Jahr 2022 eine „Zeitenwende" (Olaf Scholz) oder einen „Epochenbruch" (Frank-Walter Steinmeier) erlebt, mag nur eine Frage der Formulierung sein. Tatsache ist aber, dass es ungleich wichtigere Probleme und Herausforderungen gibt als die Frage einer „geschlechtergerechten" Sprache. Neben den alle Menschen betreffenden Themen wie Krieg oder Frieden, Klimawandel, Hungersnöte, weltweite Pandemien, Flucht und Vertreibung, Armut in Entwicklungsländern, verdienen eben auch die Themen Berufschancen von Frauen und Gewalt gegen Frauen eine größere Beachtung. Die in der Schweiz lebende Autorin Anna Rosenwasser bemerkt dazu: „Es gäbe weitere feministische Anliegen, die ich liebend gerne so breit diskutiert sähe wie das Gendern... Ich gäbe so manches Gendersternchen dafür her, dass das Thema Femizid mehr Aufmerksamkeit bekäme. Ich würde zahlreiche Doppelpunkte opfern, damit öffentlich konstruktiver über Queerfeindlichkeit gesprochen würde. Ich gäbe meine ganze Tastatur her für weniger Gewalt an Frauen und Queers."[189] Birgit Schmid zitiert aus einem Interview mit dem Sozialwissenschaftler Marko Kovic die Forderung: „Wir müssen wieder mehr über Ausbeutung sprechen statt darüber, dass auch weibliche Figuren auf Ampeln repräsentiert sind."[190] Kurz: Es gibt Wichtigeres als die Einführung der Gendersprache.

2. Eine nicht selten zu lesende Behauptung geht dahin, dass die Gendersprache auf einem „Sprachwandel" beruhe. Behauptungen können, wie alle Meinungsäußerungen, richtig oder falsch sein. Was ist Wahrheit, fragte schon Pilatus. In diesem Fall sind jedoch die Beweise

---

[189] *Anna Rosenwasser*, Oh boy, dieses Gendern! Werden Sie verspielt, neugierig und offen mit Ihrer Sprache, lieber Leser. Ein Plädoyer für Sonderzeichen, in: NZZ v. 07.07.2021, S. 19, mit dem relativierenden Schluss: „Das, was für Sie wie eine Handvoll deplatzierter Sonderzeichen aussehen mag, kann für manche Ihrer Mitmenschen Respekt und Existenzberechtigung bedeuten."

[190] *Birgit Schmid*, Der Experte auf allen Kanälen, in: NZZ v. 15.01.2022, S. 47.

dafür erdrückend, dass die Einführung der Gendersprache eben nicht einem „Sprachwandel" folgt, sondern vor allem einem politischen und institutionellen Druck von oben: Die bereits erwähnten sog. Handreichungen, Richtlinien, Empfehlungen, Aufforderungen und Anweisungen diverser Stadtverwaltungen sind unwiderlegbare Belege für solchen Druck, der nicht nur von Stadtverwaltungen auf deren Beschäftigte ausgeübt wird, sondern – was noch schlimmer ist – auch von Hochschulen auf Studenten und Studentinnen, dies nicht nur in Einzelfällen. Ein Bericht in der „Frankfurter Allgemeinen Zeitung" informiert unter der Überschrift „Bitten und Befehle. Zur Genderpflicht an deutschen Hochschulen" darüber wie folgt: „Nach einer vorläufigen Recherche dieser Zeitung, die keinerlei Anspruch auf Vollständigkeit erhebt, sind oder waren Studenten an mindestens fünfzehn deutschsprachigen Hochschulen zum Gendern verpflichtet, so in Leipzig, Dresden, Tübingen, München, Aachen, Saarbrücken, Bremen und mehrfach in Berlin…".[191] Klar ist, dass der Rahmen unverbindlicher Empfehlungen überschritten ist, wenn ein Nichtgendern mit Sanktionen, wie z. B. Punkteabzug bei schriftlichen Seminararbeiten, belegt wird. Ob diese zumindest unter dem Aspekt der Wissenschaftsfreiheit abenteuerliche Praxis rechtmäßig ist, wurde bisher höchstrichterlich noch nicht entschieden. In einem für die Universität Kassel erstellten Gutachten hält Michael Sachs „es in Ausnahmefällen für rechtmäßig, Studenten auf das Gendern zu verpflichten, nämlich dann, wenn eine besondere fachliche Nähe bestehe".[192] Dem Verfasser jenes Gutachtens, dem inzwischen zu früh verstorbenen Kollegen im Staatsrecht, gebührt für seine wissenschaftliche Lebensleistung Anerkennung und Respekt. In der Sache (konkret: in der Relativierung der Unzulässigkeit) vermag ich ihm nicht zu folgen: Eine mit negativer Benotung von studentischen Prüfungsarbeiten (z. B. durch Punkteabzug) sanktionierte Verpflichtung zum Gendern und damit zum Abweichen von der Verfassungssprache des Grundgesetzes und von den Empfehlungen des

---

[191] *Thomas Thiel*, Bitten und Befehle. Zur Genderpflicht an deutschen Hochschulen, in: FAZ Nr. 39 v. 16.02.2022, S. N 4. Zutreffend: *Fatina Keilani*, Punktabzug für's Nicht-Gendern ist rechtswidrig. Studentinnen und Studenten an deutschen Universitäten wehren sich kaum gegen das „geschlechtersensible" Formulieren, NZZ v. 11.07.2022 Internationale Ausgabe S. 7.

[192] Zusammenfassung von *Thomas Thiel* (Anm. 191).

Deutschen Rates für Rechtschreibung ist nach meiner Überzeugung rechtlich gesehen schlicht unzulässig.

3. Hochschulen sind nicht nur, aber auch Stätten internationalen Austausches und internationaler Verbindungen. Unbestreitbar ist die Tatsache, dass für in Deutschland studierende Ausländer (das Wort „Ausländerinnen" wäre wohl ungebräuchlich) der Gebrauch der Gendersprache mit ihren Sonderzeichen ein zusätzliches Hindernis beim Erlernen und für das Verstehen der deutschen Sprache bildet. In vielen ausländischen Staaten ist die angebliche Notwendigkeit einer Gendersprache kein Problem wie in Deutschland. Für Frankreich, einem Land, in welchem die Sprache nicht nur wegen der Arbeit der Académie française am „Dictionnaire de la langue" eine besondere Wertschätzung und Pflege genießt, hat mir die Autorin des Buches „Le discours diplomatique" Constanze Villar in einem persönlichen Gespräch bestätigt, dass die „Language du genre" bei Franzosen keine große Aufmerksamkeit genießt: Der Minister ist dort eben „le ministre", die Ministerin „la ministre", der Lehrer ist „le maître", die Lehrerin (und die Geliebte) sind „la maîtresse". Nur gelegentlich wird aus dem Mediziner („le médecin") die Medizinerin („la médecin"). Wegen dieser Nonchalance ist es verständlich, dass der Name der Hilfsorganisation für Kinder „Terre des hommes" in unserem Nachbarland keinen Anstoß erregt. Schon gar nicht erstaunlich ist es dann, dass das Gendern im Schulunterricht in Frankreich durch einen Regierungsakt verworfen worden ist, konkret: in einem Rundschreiben des Ministers für Erziehung und Wissenschaft Jean-Michel Blanquer vom 6. Mai 2021 an die Rektoren und die Lehrerschaft (veröffentlicht im offiziellen Mitteilungsblatt des Ministeriums), dies auch mit der auf Gutachten gestützten Begründung, dass mit dem Gendern der Schreibweise („écriture inclusive") der Lernprozess erschwert werde. Demgegenüber macht es der deutsche Schul-Föderalismus möglich, dass die Schüler in Niedersachsen bei Abiturprüfungen gendern dürfen, nachdem bereits Baden-Württemberg es den Schulen freigestellt hatte, das Gendern in Klassenarbeiten und Prüfungen zuzulassen.[193] Der darin

---

[193] *Heike Schmoll*, Niedersachsens Schüler dürfen bei Abiturprüfungen gendern. Bundesland stellt sich gegen das amtliche Regelwerk, in: FAZ Nr. 47 v. 25. 02. 2022, S. 7. – Zur Situation in der Schweiz: *Marius Huber*, Genderstern im Klassenzimmer. Sprachregelung in der Volksschule. Die Zürcher Fachstelle für Gleichstellung gibt Lehrerinnen und Lehrern Tipps für geschlechtergerechte

liegende Verstoß gegen das amtliche Regelwerk des Rats für deutsche Rechtschreibung störte die Kultusbürokratien offenbar nicht. Zum Gendern im Schulunterricht sei noch die folgende kritische Anmerkung eines Studenten zu einem Foto zitiert: „Es zeigt die Klasse 8e der Georg-Büchner-Schule in Frankfurt ‚an ihrem ersten Schultag im Juni nach monatelangem Homeschooling' (so die Bildunterschrift); ihr Lehrer ist damit beschäftigt, an die Tafel zu schreiben, welche Gender-Varianten in Betracht kommen: Schüler*innen, Schüler:innen...", und sarkastisch: „Die 8e kann sich wirklich glücklich schätzen, dass gleich am ersten Tag die wirklich wesentlichen Wissenslücken gestopft werden."[194] Ein sorgfältiger Schulunterricht sollte jedenfalls Fremdsprachen nicht manipulieren; zutreffend ist deshalb die Feststellung: „Politisch korrekte Eindeutschungen wie ‚Influencer*innen' oder ‚Follower*innen' sind so gesehen doppelt unsinnig".[195]

4. Die Bestrebungen zur Einführung und Verbreitung der Gendersprache gehören nicht zum klassischen Repertoire des Feminismus. Biotope der Gendersprache sind vielmehr die Betroffenheitskultur und die Woke-Kultur, beide zugleich in der Form der Verteidigung und des Angriffs. Auf eine kurze Formel gebracht geht es um Achtung, konkreter um Selbstachtung durch Fremdachtung, wofür der Satz „nur mitgemeint reicht nicht" steht. Interessant ist in diesem Zusammenhang die Tatsache, dass eine identitätspolitische Überlagerung von Bildung, Kultur und Unterhaltung durch Genderbestrebungen gerade auch von Frauen kritisch betrachtet wird. Zwei Beispiele: Elke Heidenreich äußert in einem Interview dezidiert: „Heute ist das so, dass wir eine hysterische Beleidigt-Kultur haben... Man kann nicht alle Menschen in jedem Satz erwähnen und glücklich machen. Die Betroffenheitskultur finde ich völlig falsch"; und: „Als wir beim Radio nicht mehr ‚Guten Abend, liebe Hörer' sagen sollten, habe ich immer gesagt: ‚Guten Abend, liebe Hörerinnen und Hörer an den Radiogeräten und -gerätinnen'". Zu ihrem Beruf als Schriftstellerin meint Elke Heidenreich: „Aber das Wort „Schriftsteller:in" ist idiotisch – akustisch, aber

---

Sprache im Unterricht – und übergeht dabei Schulvorsteher Filippo Leutenegger, in: NZZ v. 21.06.2021, S. 13.

[194] *Gideon I. C. Abele*, Was anscheinend wirklich wichtig ist (Leserbrief), in: FAZ Nr. 305 v. 31.12.2021, S. 37.

[195] *Gerfried Ambrosch*, Warum Gendern keine Lösung ist, in: NZZ v. 18.02. 2022 Internationale Ausgabe S. 14.

auch in schriftlicher Form ist es grammatikalisch falsch. Da schlägt die Hysterie gerade sehr weit aus."[196] Auf die Gefahren der das Gendern fordernden Woke-Kultur weist die Psychologin und Autorin Esther Bockwyt hin:[197] Bei Woke handelt es sich um „eine Ideologie der Wachsamkeit gegenüber Diskriminierungen und Machtungleichheit. Was auf den ersten Blick fortschrittlich klingt, nimmt immer mehr ungesunde, militante Züge an, verbunden mit der Stigmatisierung Andersdenkender (Beispiel: J. K. Rowling). Auf der Basis einer pauschalen Einteilung von Menschen in Opfergruppen und Privilegierte wird abgeleitet, wer was warum sagen darf." Gendergerechte Sprache sei neben „kultureller Aneignung", Trigger-Warnungen oder Mikroaggressionen einer der „populären Inhalte im Bereich der woken Identitätspolitik... Menschen neigen dazu, sich durch starke Identifikation mit ehren- und tugendhaften Idealen und scheinbar progressiven, modernen Ideen in ihrem Selbstwertgefühl selber aufzuwerten – Woke ist also sinnstiftend und gewissermaßen ein Statussymbol." Und: „Psychologisch spezifisch für eine radikal ausgelegte und gelebte Woke-Ideologie ist die intellektualisierte Fixierung auf Moral, einhergehend mit dem Streben nach Perfektion – die Vorstellung von einer Art störungsfreiem Lebensraum ohne Potenzial für Kränkungen, Spannungen und Wut." Als kritisches Fazit bleibt, dass der erwähnte Wunsch nach Perfektion „auch etwas Rastloses und Zwanghaftes" annehmen könne, auch „immer starrere Regelungen und Ordnungen, die kein Abweichen erlauben", schließlich: „Eine sich rein Dogmen unterwerfende und überzogene Sensibilität bleibt am Ende bloß eine Scheinempathie."

Fazit der Urteile von Elke Heidenreich und von Esther Bockwyt: Warnung vor Hysterie und Zwang.

---

[196] *Elke Heidenreich* (Anm. 114).

[197] Dieses und alle folgenden Zitate aus *Esther Bockwyt*, Woke-Kultur – eine zwanghafte Einengung. Der Idealzustand einer Gesellschaft nach dem Woke-Prinzip fließt in stereotypem Takt scheinheiliger Harmonie – ein Takt, den kein Mensch auf Dauer ertragen könnte. Wenn Gewissenhaftigkeit ein gesundes Ausmaß überschreitet, entsteht einengender Zwang, in: NZZ v. 08.06.2022, S. 19.

XVII. Thesen

5. Weil wir in Zeiten einer „Erregungsgesellschaft" (Ausdruck von Benedict Neff[198]) und in Zeiten einer „Empörungsdemokratie" (Ausdruck von Bernhard Pörksen[199]) leben, wird nicht selten mit harter Sprache gekämpft. Sofern dafür nicht Hassworte oder fake news benutzt werden, ist ein solcher Sprachgebrauch legitim; jedoch sollten Gebote der Sensibilität und/oder der Pietät beachtet werden. Ein diesbezüglicher Fall aus der Genderszene hat über die deutschen Grenzen hinaus auch im Ausland zu erstauntem Aufsehen und zu berechtigter Kritik geführt. Worum geht es?[200] Die Freie Universität Berlin ist Eigentümerin der Liegenschaft Ihnestrasse 22 in Berlin-Dahlem. In der NS-Zeit befand sich dort das damalige Kaiser-Wilhelm-Institut für Anthropologie, menschliche Erblehre und Eugenik (KWI-A). Nachdem dort verscharrte sterbliche Überreste von Opfern der NS-Verfolgung gefunden worden waren, wurde ein Forschungsprojekt zur Vergangenheit des Instituts etabliert. So weit so gut. Anlass zur Kritik war die diesbezügliche damalige Mitteilung auf der Homepage des „Projektes Ihnestr. 22", die wie folgt genderte: „In der Ihnestr. 22 forschten Wissenschaftler_innen schließlich auch an den Körpern von Personen, die in nationalsozialistischen Vernichtungslagern und Heilanstalten ermordet wurden. Insbesondere Sinti_zze und Roma_nja, J_üdinnen, Schwarze Personen und behinderte Menschen fielen den Arbeiten des KWI-A zum Opfer."[201] Der zu NS-Verbrechen und Ideologiegeschichte forschende Historiker Julien Reitzenstein kommentierte in der „Neuen Zürcher Zeitung" dieses Gendern zu Recht kritisch: Ausgehend von der Forderung, dass „unpassende Vergleiche und Geschmacklosigkeiten" im Zusammenhang mit der Ermordung von sechs Millionen Juden zu vermeiden seien, stellt er die Frage, wozu man den Ermordeten mit geschlechtergerechter Sprache „genau zu verhelfen" versuche? „Gerechtigkeit? Das wirkt geschmacklos, das ist

---

[198] *Benedict Neff*, Die deutsche Erregungsgesellschaft. Ein Rückblick auf fünf Jahre Deutschland – ein Land, in dem Nüchternheit eine Provokation ist, in: NZZ v. 29.02.2020, S. 7.

[199] Zitiert bei *Roman Bucheli*, Unterwegs in eine neue Mimosenhaftigkeit. Wir leben in empörten Zeiten. Die Empörung darüber können wir uns sparen. Sie ist scheinheilig, in: NZZ v. 29.01.2022 Internationale Ausgabe S. 15.

[200] Zum Folgenden: *Julien Reitzenstein*, Zelebrator*in der Gerechtigkeit. Die Freie Universität Berlin macht Naziopfer zu „J_üdinnen" in: NZZ v. 06.04.2021, S. 29.

[201] Zitiert bei *Julien Reitzenstein* (Anm. 200).

übergriffig und vor allem – wem ist damit geholfen?" Schließlich: „Es ist eine Frage des Respekte, jeden so anzusprechen, wie er angesprochen werden möchte…". Aber es dürfe nicht zur Normalität werden, dass Opfer der NS-Verbrechen „ohne ihr Wissen und Wollen abermals zum Teil einer Ideologie gemacht werden. Die in der Ihnestrasse 22 verscharrten Opfer mörderischer Rassisten haben eine würdige Bestattung und ein angemessenes Gedenken verdient. Wer diese Opfer aber instrumentalisiert, um sich selbst als Zelebrator*in der Gerechtigkeit zu präsentieren, schändet sie ein weiteres Mal."

Im Vergleich zu jener Pietätlosigkeit sind andere Genderisierungen weniger erschreckend, aber nicht gerade beifallswert. Wenn in einer Einladung der KZ-Gedenkstätte Neuengamme zum 77. Jahrestag der Befreiung der Häftlinge des KZ Neuengamme 2022 „Öffentliche Zeitzeug*innengespräche mit Überlebenden des KZ Neuengamme und seiner Außenlager für Schulklassen" angekündigt werden, dann werden Menschen darin zu „Zeug" – kein sehr sensibler Sprachgebrauch. Wenn einem Nachruf auf einen Verstorbenen die Anmerkung beigefügt wird: „Die Verwendung männlicher Sprache erfolgt im Interesse von Klarheit, Kürze und Einfachheit verbunden mit der Bitte, nicht das grammatische Maskulinum auf das biologische Geschlecht zu reduzieren",[202] so fragt der Leser sich: Muss diese Erläuterung sein, zumal wenn man weiß, dass der Verstorbene selbst nie gegendert hat?

Fazit: Gendern führt zuweilen zu Peinlichkeiten oder zu Geschmacklosigkeiten.

6. Wem nützt es, fragt Julien Reitzenstein zum Gendern in der Ihnestraße 22. Man kann in diesem Zusammenhang auch die Frage stellen: Wer betreibt das Gendern?

Die erste Antwort ist einfach: Treibende Kraft sind vorab die Aktivistinnen (mehrheitlich Frauen), die in bestimmten Wörtern nicht nur mitgemeint sein wollen. Der harte Kern dieser Gruppe sind Überzeugungstäterinnen, die eine feste Meinung haben und diese auch

---

[202] Nachruf in Memoriam von *Viola Schmid* auf Helmut Lecheler, zitiert auch bei *Helmut Schulze-Fielitz*, Die Wissenschaftskultur der Staatsrechtslehrer im Spiegel der Geschichte ihrer Vereinigung, Tübingen 2022, S. 192. Ein von *Dagmar Lorenz* (Anm. 77) zutreffend kritisch zitiertes Hinweisblatt zur „gendersensiblen Sprache" an der TU Dresden hält einen solchen Hinweis für „unzureichend, da keine gleichberechtigte aktive Versprachlichung vorliegt".

durchsetzen wollen. Eine zweite Gruppe besteht aus Trittbrettfahrern, die vielleicht weniger aus Überzeugung als aus Opportunismus gendern. Beispiele hierfür sind Wirtschaftsunternehmen, die an Kunden und Kundinnen denken (konkret: an Absatzchancen) und die nicht als rückständig oder gar altmodisch wirken wollen. Als Risiko bleibt aber: Wer die einen gewinnt, verliert vielleicht andere.

Von diesen beiden Gruppen ist die zweite Gruppe die ökonomisch Mächtigere, aber interessanter ist die erste Gruppe, also die von ihrem Anliegen Überzeugten. Auch wer – wie der Verf. – die Gendersprache kritisch betrachtet, sollte die gendernden Aktivistinnen nicht in Bausch und Bogen verdammen. Jeder kennt vermutlich in seinem Freundes- oder Bekanntenkreis ebenso sympathische wie kluge Frauen, die nicht deshalb an Wertschätzung verlieren, weil sie gendern – wie könnte es auch anders sein? Ärgerlich wird die Sache nur, wenn sich Gräben zwischen „Guten" und „Bösen" bilden oder wenn „verbissene Ersthaftigkeit und Humorbefreitheit" auftreten, wie Esther Bockwyt dies für die Woke-Ideologie konstatiert hat.[203]

Fazit: Nicht Verbissenheit und Fanatismus, sondern Sachlichkeit sollte die Debatte um die Gendersprache bestimmen.

7. Die erwähnten verschiedenen Gruppen gehen naturgemäß von unterschiedlichen (mehr noch: von gegensätzlichen) Erwartungen aus. Die Genderaktivistinnen würden sich vermutlich nicht so nachdrücklich engagieren, wenn sie nicht von einer Erfolgsaussicht ihrer Bemühungen überzeugt wären – also von der auch vermittels Gendersprache durchgesetzten Geschlechtergerechtigkeit. Die Kritiker der Gendersprache sehen dies skeptisch anders: „Man weiß, dass Umbenennungen noch nie etwas an den wirklichen Sachverhalten bewirkt haben. Und da die gendergerechte Sprache nichts anderes ist als eine fehlmotivierte Umbenennung von bestimmten Bezeichnungen, wird sie außer einer Menge stilistischer und ästhetischer Entgleisungen nichts Positives und schon gar nichts Fortschrittliches hervorbringen."[204] Kürzer und knackiger war eine unpublizierte Jahresbilanz 2021 zur Zeitenwende in Berlin: „Überall wird jetzt gegendert / und man fragt sich: was das ändert?"

---

[203] *Esther Bockwyt* (Anm. 197).
[204] *Josef Bayer* (Anm. 19).

Das künftige Veränderungspotential des Genderns können weder Optimisten noch Pessimisten mit Sicherheit voraussagen. So wird es jedenfalls zunächst bei so gegensätzlichen Einschätzungen bleiben wie den folgenden: „Langfristig wird es in jeder Gesellschaft, die an ihrem Moralin zu ersticken droht, immer eine Gegenbewegung geben."[205] Und: „Es ist aber wohl nur eine Frage der Zeit, bis das um sich greifende moralische Bedürfnis nach kostenarmer genderpolitischer Korrektheit die fachwissenschaftlichen Texte auch optisch noch häufiger – in welcher Form auch immer – durchdringen wird."[206]

Fazit: Zur zukünftigen Entwicklung der Verbreitung der Gendersprache lässt sich nur kurz und salopp sagen: Nix Genaues weiß man nicht.

8. Zur Gendersprache gehört nicht nur eine veränderte Schreibweise, sondern auch im Sprechen soll nach dem Willen der Aktivisten gegendert werden. Sprachregelungen werden zu Sprechregelungen. Eine kluge Logopädin, die sich Zeit ihres beruflichen Lebens mit dem Thema Sprechen beschäftigt hat, schrieb mir: „Schlimm ist auch das gesprochene Gendern mit einem, den Wortfluss unterbrechenden Glottisstop, wie ein kleiner Schluckauf klingt das. Es ist etwas, das in der deutschen Phonetik nicht vorgesehen ist: ‚Lehrer-innen'". Beachtenswert ist auch die kritische Bemerkung der Schweizer Journalistin Claudia Schwarz: „Neulich war in der Berliner ‚taz' in einem Artikel über den Nahostkonflikt die Formulierung zu lesen: ‚…nichts rechtfertigt die Gewalt, die Jüdinnen_Juden derzeit aushalten müssen. Um dies zu kritisieren muss man kein_e Nahost-Expert_in sein', was mich gedanklich hinauskatapultierte aus dem Gedankenfluss, hin zur Gendersprache, wofür ich mich just in dem Augenblick eigentlich gar nicht interessierte. Ich las nicht weiter, die Aufmerksamkeit für Gaza war weg, aber der Inklusion der Geschlechter hat diese Irritation auch nicht geholfen."[207]

Es ist einfach unbestreitbar: Die in vielen Beispielen erwähnte Sprech- und Schreibweise der Gendersprache ist nicht die Sprache der Kassiererin im Supermarkt oder des Bauarbeiters an der Autobahn. Es ist vielmehr die Sprache einer abgehobenen Elite.

---

[205] *Esther Bockwyt* (Anm. 197).
[206] *Helmuth Schulze-Fielitz* (Anm. 202).
[207] *Claudia Schwarz* (Anm. 131).

Fazit: Die von den Genderaktivisten angestrebte Inklusivität der Gendersprache führt in Wahrheit tatsächlich zu deren Exklusivität.

9. Der Kampf gegen oder für die Gendersprache entartet zuweilen zum Krampf. Auch wenn man – wie der Verf. – die Gendersprache kritisch betrachtet, so sollte man dennoch die Kirche im Dorf lassen. Gendern ist kein GAU (= größtmöglicher Unfall) und führt nicht zum Untergang des Abendlandes (um einen häufig gebrauchten, inzwischen ziemlich abgegriffenen Ausdruck zu gebrauchen). Arg übertrieben scheint mir deshalb auch die Behauptung von Florian Sturmfall (vorgestellt als „ein christlich soziales Urgestein" und lange Zeit Redakteur beim „Bayernkurier"), der im Gendern die „wahrscheinlich entscheidende Schlacht" als „Teil des Kulturkampfes" sieht: „Diese explosive Mischung aus Bösartigkeit, Fanatismus und Dummheit äußert sich zunächst darin, dass die deutsche Sprache verunstaltet wird, gegen Sprachgeschichte, Regel und Sinn"; für Sturmfall ist das „nur der Anfang einer Großoffensive im Kulturkampf".[208] Angesichts solcher Übertreibungen und kriegerischer Sprachbilder möchte man den Autor fragen: „Geht es nicht ein wenig zurückhaltender?"

Fazit: Übertreibungen bei einer kritischen Betrachtung der Gendersprache überzeugen wenig.

10. Ein Plädoyer gegen eine Dämonisierung der Gendersprache enthält keine Antwort auf die Frage, ob – und wenn ja wie – gegen das Gendern Widerstand geleistet werden sollte. Die Antwort ist zunächst ein klares Ja. Warum?

Gendern findet nicht im stillen Kämmerlein unter Gleichgesinnten statt. Es ist nicht die Sprache, die in einem persönlich gehaltenen Tagebuch aufgezeichnet wird, sondern eine Sprache, die sich an Alle richtet, die einen gegenderten Text lesen oder hören. Wer gendert, nimmt keine Rücksicht darauf, ob der Empfänger oder die Empfängerin des betreffenden Textes die gegenderte Fassung schätzt, duldet oder aber ablehnt. Im letzteren Fall wird mit dem Gendern dem Empfänger eine ideologisch geprägte Einstellung aufgedrängt, die jedenfalls als Belästigung oder sogar als Zumutung empfunden werden kann. Die erzieherische Komponente des Genderns kann sich sogar in's Missionarische steigern. Ein Beispiel hierfür ist das Verhalten des Verlages

---

[208] *Florian Sturmfall*, Kulturkampf, in: PAZ Nr. 24 v. 17.06.2022, S. 8.

"Manager-Seminare" gegenüber seiner Autorin Sabine Mertens. Die Autorin hatte den Verlag mehrfach darauf hingewiesen, in ihrem Beitrag für die Zeitschrift „Training aktuell" keine Änderungen zugunsten eines Genderns zulassen zu wollen. In einem Bericht zu diesem Fall ist zu lesen: „Dennoch hat der Verlag, trotz der Zusage, den Artikel in der eingereichten Form abzudrucken, ihn nach der Freigabe durch die Autorin in der Endversion ‚gendergerecht' verändert."[209] Gegen diese Manipulation klagte die Autorin vor Gericht – mit Erfolg: Das Landgericht Hamburg urteilte im Mai 2022 zugunsten des Urheberrechts und des Persönlichkeitsrechts, dass ein Verlag ohne Zustimmung des Autors einen Text nicht gendern darf. Kommentar des Vorsitzenden des Vereins Deutsche Sprache Prof. Walter Krämer zu dieser Gerichtsentscheidung: „Das ist ein Erfolg auf ganzer Linie; es zahlt sich aus, gegen die ideologisch getriebene Gendersprache vorzugehen und sich nicht kleinkriegen zu lassen."[210]

Wo kein Kläger da kein Richter, sagt der Volksmund – zu Recht. Nicht jeder, der sich durch aufdringliches Gendern behelligt fühlt, wird ein Gericht anrufen. Auch ist nicht jeder der Begenderten ein Autor oder eine Autorin, der oder die eine Urheberrechtsverletzung wegen ungenehmigten Genderns geltend machen können. Nicht jeder kann, wie der Schriftsteller Matthias Politycki, einfach in's Ausland ausweichen; es lohnt sich, aus den Gründen für den Umzug des Matthias Politycki nach Wien etwas ausführlicher (in Auszügen) zu zitieren: „Am heikelsten ist mein Arbeitsmaterial geworden. Kann man in der Sprache, wie sie der Zeitgeist fordert, überhaupt noch – aus dem Vollen schöpfend, nach Wahrhaftigkeit strebend – literarische Texte verfertigen? Nämlich als einer, der noch immer in alter Rechtschreibung schreibt, einfach weil sie klarer und schöner ist, und der aus denselben Gründen erst recht nicht vom generischen Maskulinum lassen will?" Und weiter: „Würde ich, wie die bevorstehende Neuedition des Dudens offenbar vorsieht, zukünftig bei jedem Substantiv zwischen männlicher und weiblicher Endung abwägen müssen, es würde den Fokus immer wieder vom Wesentlichen des Textes abziehen und, nicht zuletzt, den Rhythmus der Satzperioden durch überflüssige Silben beschädigen." Beachtenswert ist schließlich auch sein Hinweis auf die Ideologisie-

---

[209] Bericht Vor dem Landgericht Hamburg. Sieg gegen Gendersprache, in: Sprachnachrichten Nr. 94 (II/2022), S. 2.

[210] Zitiert in Bericht (Anm. 209).

rung der Sprache: „Damit dient sie nicht mehr dem Transport von Inhalten, sondern ist selbst Inhalt. Sie sendet permanent Botschaften... Wer könnte in einer solch weltanschaulich kontaminierten Sprache noch unbeschwert drauflosschreiben?"[211]

Auch Österreich ist allerdings keine genderfreie Zone. Ein Kollege von der Grazer Universität schrieb mir: „Ärgerlich ist vor allem, dass die Bürokratien angewiesen wurden, alle Texte zu gendern, weshalb ich mich weigere, noch für eine interne Uni-Publikation zur Verfügung zu stehen." Einfache Ratschläge für Widerstand gegen aufgedrängtes Gendern gibt auch Peter Hahne (bekannt als Fernsehmoderator und langjähriger stellvertretender Leiter des ZDF-Hauptstadtstudios Berlin): „Man kann sich wehren! Es kostet oft nur wenige Minuten. Ich schicke jede Mail, jeden Brief freundlich zurück, in denen kein korrektes Deutsch steht: „Es könnte Ihr Schreiben in die Hände von Kindern, Migranten oder Lernschwachen fallen, die durch eine solch verstörende, verschwurbelte Leugnung der deutschen Grammatik durch Gendioten verunsichert werden. Bitte schreiben Sie mir noch einmal. Handelt es sich um ein Abonnement, so kündige ich es." Als „das schärfste Schwert" erwähnt Peter Hahne: „Ich habe alle Daueraufträge für Organisationen gekündigt, die mich mit ‚Liebe Spender*innen' anreden oder in ihren Mitteilungen von ‚Studierenden', ‚Mitarbeitenden' oder von ‚Teilnehmenden' sprechen."[212] Man kann sich den Widerstand aber noch einfacher machen, z. B. mit einem kurzen Vermerk auf dem gendernden Schreiben. Als mir „als Autor:in" eines Verlages dieser ein Rabattangebot machte, notierte ich auf dem an den Verlag zurückgesandten Schreiben: „Ich bin kein Autor:in. Wegen des dümmlichen Genderns bitte ich, mir in Zukunft keine Angebote mehr zu schicken." Oder noch kürzer auf einem Schreiben von „Medecins sans Frontiers / Ärzte ohne Grenzen e.V.: „An Ärzte ohne Grenzen e.V. / Spendenservice. Wegen der Genderisierung Ihrer Schreiben bitte ich, mich künftig nicht mehr anzuschreiben. Mit freundlichem Gruß...".

---

[211] Alle Zitate aus *Matthias Politycki*, Mein Abschied von Deutschland, in: FAZ Nr. 163 v. 17.07.2021, S. 16.

[212] *Peter Hahne*, Das Maß ist voll. In Krisenzeiten hilft keine Volksverdummung, Köln 2022, S. 135 f.; auch *ders.*, Nicht mit mir. Wie man seinen Standpunkt zu Denglisch und Gendern verteidigen kann, in: Sprachnachrichten Nr. 94 (II/2022), S. 17.

Widerstand gegen aufgedrängtes Gendern kann jeder davon Heimgesuchte in höflicher, aber bestimmter Form leisten. Gegenderte Schreiben kann man mit kritischer Antwort zurückschicken, gegenderte Bücher braucht man nicht zu kaufen, gegenderte Fernseh- und Hörfunksendungen kann man abschalten. Bringt es Sinn, sich gegen das Gendern zu wehren? Von Peter Hahne stammt die Antwort: „Der Standpunkt derer, die nur nörgeln und nicht protestieren, gleicht im Grunde dem der kritisierten Gender-Ideologen."[213] Und: Sieht man das Gendern als eine der „heutigen identitätspolitischen Verwerfungen" und als „postmodernen Aktivismus", so ist die Feststellung zutreffend: „Letztlich ist der angewandte Postmodernismus die Aufkündigung des Konsensprinzips zugunsten des böswilligen Verdachts und der kleinlichen Beschwerde. Wer nicht morgen in einer solchen Gesellschaft leben will, muss sich heute dagegen wehren."[214] Um zum Abschluss eine weibliche Stimme zu zitieren: „Gender-Aktivisten arbeiten mit Verschleierungstaktik. Wir müssen also vermehrt penibel auf die Präzision der Sprache drängen. Definitionen einfordern und die ideologische Agenda als solche kenntlich machen.[215]

Fazit: Wem Begendertwerden gleichgültig ist, mag es schweigend hinnehmen und tolerieren. Wer Gendern kritisch sieht sollte sich dagegen wehren, auch und gerade gegenüber öffentlich-rechtlichen Medien.[216]

---

[213] *Peter Hahne* (Anm. 212).

[214] *Thomas Thiel*, Die neue Lust am Büßen. Hautfarbe ist kein Verbrechen: Helen Pluckrose und James Lindsay demontieren die Dogmen des postmodernen Klerus, in: FAZ Nr. 69 v. 23.03.2022, S. 9, in Auseinandersetzung mit Michel Foucault und Jacques Derrida.

[215] *Rieke Hümpel*, Was bedeutet eigentlich „sexuelle Identität"? Gender-Aktivisten krempeln mit Vehemenz die Sprache um. Dass wir dabei den Durchblick verlieren, ist gewollt, NZZ v. 13.09.2022, S. 18.

[216] Bespiel für ein stures Beharren auf Gendern: „Wir bekennen uns zu gendergerechter Sprache." SRF-Direktorin Nathalie Wappler wehrt sich gegen Kritik am Kurs des Rundfunksenders (Interview), NZZ v. 07.11.2022, S. 1, S. 28.

Personenregister

Abraham, Bleen 9
Ackermann, Stephan 43
Acklin Zimmermann, Beatrice 13
Alexander, Matthias 45
Ambrosch, Gerfried 79

Babst, Andreas 72, 73
Baerbock, Annalena 20, 63
Bähr, Julia 24
Bayer, Josef 24, 83
de Beauvoir, Simone 19
Bechmann, Sascha 29
Becker, Thomas 27
Beher, Stefan 9
Belit, Onay 36
Bellut, Thomas 52
Berchtold, Nicole 23
Bergner, Christian 24
Bertram, Günter 61
Bethke, Hannah 54, 56
Bingener, Reinhard 36, 39, 49, 65
Blanqueur, Jean-Michel 78
Blümel, Gernot 13
Bockwyt, Esther 80, 83, 84
Braunberger, Gerald 56
Brodkorb, Mathias 42
Buch, Hans Christoph 30
Bucheli, Roman 5, 81
Budde, Burkard 10
Büchenbacher, Karin 46
Bühler, Urs 29, 67
Burda, Änne 72
Butler, Judith 26

Campbell, Kirsten 74
Capellini, Kevin 23

Checheltan, Amir Hassan 74
Czajka, Dieter 41, 59

Deckers, Daniel 22, 59, 60
Derrida, Jacques 88
Dürrholz, Johanna 24

Eckhart, Lisa 10
Eichinger, Katja 6
Eisenberg, Peter 41, 61
Engelhart, Manfred 39

Fahimi, Yasmin 71
Federmair, Leopold 56
Feldmann, Peter 22
Flasspöhler, Svenja 57
Foucault, Michel 88
Fourest, Caroline 59
Franke, Egon 9
French Gates, Melinda 54
Frey, Andreas 34
Fritz, Gerhard 8
Fritzsche, Daniel 26, 49

Gall, Corinna 75
Gauck, Joachim 31
Gebhardt, Miriam 74
Gerasimov, Sergei 74
Gerl-Falkowitz, Hanna-Barbara 20
Gerny, Daniel 58
Geyer, Christian 22
Gieseler, Burghard 35
Glück, Helmut, 27, 38, 39, 40
Gnauck, Gerhard 46
Göhlsdorf, Novina 6
Göring-Eckardt, Katrin 64

Grass, Günter 64
Gümüsay, Kübra 67, 68
Gujer, Eric 19

Haas, Anton 54
Habeck, Robert 11, 62
Hackler, Dieter 10
Häsler, Georg 46
Hahne, Peter 87, 88
Hallervorden, Didi 31, 32
Hanert, Norman 33
Harnisch, Rüdiger 40, 45
Hartung, Helmut 52
Has, Uwe-Jens 5
Heeg, Thiemo 71
Hehli, Simon 44
Heidenreich, Elke 54, 66, 67, 79, 80
Heinrich, Sarah-Lee 67
Henkel, Gabriele 72
Hermann, Jona 57
Hirschauer, Stefan 20
Hoeres, Peter 43
Hoffer, Rewert 55
Horten, Heide 72
Howard, Karin 67
Hrizenko, Hanna 46
Huber, Marius 78
Hudec, Jan 73
Hümpel, Rieke 88
Hupertz, Heike 53

Jandl, Paul 64
Joffe, Josef 19 ,43
Johnson, Boris 11
Jurezyk, Karin 20

Käppner, Joachim 9
Kaube, Jürgen 8, 39, 40
Keilani, Fatina 7, 77
Keusch, Nelly 72
Kieserling, André 8
Kissler, Alexander 34, 61
Kladden, Susanne 72

Kleber, Claus 52, 58
Kleinberger, Josef 56
Klingbacher, Barbara 23
Klute, Hilmar 8
Knobloch, Marlene 67
Köcher, Renate 8
Körner, Anita 9
Kolb, Matthias 56
Kovic, Marko 76
Krabbe, Hans-Gerd 52
Krämer, Walter 86
Kraus, Christian 10
Kretschmann, Wilfried 64
Krischke, Wolfgang 31, 32, 35, 61, 64, 69
Kubelik, Tomas 28
Kürschner, Wilfried 27, 53
Kunkel, Christina 55
Kusicke, Susanne 13

Lagarde, Christine 71
Lange, Josef 38
Lecheler, Helmut 82
Leisenberg, Wolfgang 20
Lembke, Ulrike 36, 37, 38
von der Leyen, Ursula 71
Lobin, Henning 68
Locher, Gottfried 44
Löhndorf, Marion 53
Lommatzsch, Erik 44
Lorenz, Dagmar 13, 41, 61, 82
Lucke, Doris Mathilde 24, 41, 42, 44
Lüst, Herbert 51

Macron, Emmanuel 23, 56
Marty, Christian 57
Matz, Wolfgang 48
Mayer, Helmut 68
McWhorter, John 56, 57
Meloni, Giorgia 70
Merkel, Angela 70
Mertens, Sabine 86
Meyer, Mattea 65

Mijnssen, Ivo 54, 56
Mittag, Uschi 11
Mohn, Liz 72
Mohr, Reinhard 12
Montgomery, Frank Ulrich 22
Moritz, Rainer 6
Mühlhäuser, Regina 74
Müller, Hans Jörg Friedrich 10
Müller, Reinhard 63
von Münch, Ingo 74
Mumay, Bülent 73
Munske, Horst-Haider 62

Nam Seelmann, Ho 57
Neff, Benedikt 12, 81
Neuhaus, Christina 46, 53
Neuscheler, Tillmann 71
Novak, Katalin 70
Nübling, Damaris 6
Nussbaumer, Jill 13

Pfändler, Nils 54, 56, 57
Pines, Sarah 26, 27, 66
Platthaus, Andreas 50
Politycki, Matthias 86, 87
Pörksen, Bernhard 81
Pröll, Franziska 73
Putin, Wladimir 75

Raab, Heike 51
Rasch, Michael 11, 23
Reents, Edo 27
Reichel, Werner 20, 28
Reitzenstein, Julien 81, 82
Robra, Rainer 10
Rohrmoser, Richard 43
Rosenbecker, Werner 10
Rosenwasser, Anna 76
Roßbach, Henrike 62
Roth, Joonas 6, 8, 12
Rothmann, Ralf 8, 74
Rowling, J. K. 80
Rummer, Ralf 9

Sachs, Michael 77
Sarrazin, Thilo 50
Sauerbaum-Thieme, Christine 7
Schaaf, Julia 74
Schickedanz, Grete 72
Schleef, Karl 39
Schmid, Birgit 12, 46, 76
Schmid, Viola 82
Schmoll, Heike 9, 78
Schmutz, Christoph G. 71
Schnibben, Cordt 52
Scholz, Olaf 57, 76
Schrörs, Tobias 21, 75
Schulze-Fielitz, Helmut 82, 84
Schunke, Annabel 63
Schwartz, Claudia 54, 59, 84
Sevinç Basad, Judith 21, 31, 53, 66, 68
Seybold, Jan 33, 46
Slomka, Marietta 53
Specht, Heike 70
Spiegel, Anne 63
Spiegel, Bernt 10
Springer, Friede 72
Staggenurg, Arnold 43
Staib, Julian 63
Stefanowitsch, Anatol 40, 42
Steinmeier, Frank-Walter 63, 76
Steppat, Werner 10
Stocker, Klaus 60
Strack, Fritz 9
Stühff, Alexandra 72
Sturmfall, Florian 5, 85
Suter, Martin 5

Tanner, Samuel 65
Tews, Harald 61
Thiel, Thomas 26, 61, 77, 88
Tiz, Enis 74
Trabant, Jürgen 23
Truss, Liz 11
Trutkowski, Ewa 21, 66

Villar, Constanze 78
Voss, Pauline 44
Voß, Peter 9

Wagenknecht, Sahra 59, 60, 68
Wappler, Nathalie 88
Weill, Pierre 72
Wilderson, Frank 48
Wilke, Doro 53

Will, Anne 53, 63
de Winter, Leon 19
Wirz, Claudia 12
Wurm, Heinz-Jürgen 64

Yücel, Deniz 50

Zipfel, Gaby 74

Zum Autor

Ingo von Münch, geboren 1932 in Berlin, Jurastudium in Frankfurt a. M. und an der Hochschule für Verwaltungswissenschaften Speyer. Promotion 1957 mit einer Arbeit über Freie Meinungsäußerung; Habilitation 1963 für die Fächer Staatsrecht, Verwaltungsrecht und Völkerrecht. Professor für Öffentliches Recht an der Ruhr-Universität Bochum 1965–1973, an der Universität Hamburg 1973–1998. Zweiter Bürgermeister, Wissenschafts- und Kultursenator der Freien und Hansestadt Hamburg sowie Mitglied des Bundesrates 1987–1991. Dr. h.c. (Rostock) 1994. Zwischen 1995 und 2001 Gastprofessor in Australien, Frankreich, Neuseeland, Südafrika und in den USA. Veröffentlichungen u.a.: Herausgeber: „Grundgesetz-Kommentar" (1973–1985); „Gesetze des NS-Staates. Dokumente eines ‚Unrechtssystems', 3. Aufl. Paderborn/München/Wien/Zürich 1994; Verf.: „Öffnungsklauseln bei Zeitungen und Zeitschriften" (1977); „Rechtspolitik und Rechtskultur. Kommentare zum Zustand der Bundesrepublik Deutschland" (2011); „Der Autor und sein Verlag" (zusammen mit Georg Siebeck 2013); „Meinungsfreiheit gegen Political Correctness" (2017); „Die Krise der Medien" (2020). Zahlreiche Beiträge in Zeitungen und Zeitschriften, unter anderen in: Archiv des öffentlichen Rechts; Archiv des Völkerrechts; Archiv für Presserecht; Bild; Deutsches Verwaltungsblatt; Die Öffentliche Verwaltung; Focus; Frankfurter Allgemeine Zeitung; Frankfurter Rundschau; Hamburger Abendblatt; Hamburger Morgenpost; Handelsblatt; JURA-Juristische Ausbildung; Juristenzeitung; Juristische Schulung; Kölner Stadtanzeiger; Kunst und Recht; liberal; Magdeburger Volksstimme; Neue Juristische Wochenschrift; Neue Ruhr-Zeitung; Norddeutsche Neueste Nachrichten; Nordwestzeitung; Preußische Allgemeine Zeitung; Rheinische Post; Schlesien heute; Der Staat; Stern; Die Welt; Welt am Sonntag; Westfälische Rundschau; Zeitschrift für Beamtenrecht; Zeitschrift für Parlamentsfragen; Die Zeit; Zeitschrift für Europäisches Privatrecht.

Ingo von Münch

Meinungsfreiheit gegen Political Correctness

Seit einigen Jahren grassiert die aus den USA kommende Political Correctness, die im Duden definiert ist als »die von einer bestimmten Öffentlichkeit als richtig angesehene Gesinnung«. Selbsternannte Hüter der Political Correctness wachen über eine vorgeblich richtige Gesinnung. Alle relevanten Bereiche des gesellschaftlichen Lebens geraten so unter die Herrschaft einer Denk- und Sprachpolizei. Der britische Historiker und Träger des Karlspreises Timothy Garton Ash sieht in diesem Zusammenhang »eine Tyrannei des Gruppenveto« und einen »drastischen Verlust an Freiheit«. Der Autor, der renommierte emeritierte Prof. für Staatsrecht und Völkerrecht Ingo von Münch, hat sich seit vielen Jahren mit den Grundrechten der freien Meinungsäußerung, der Informationsfreiheit und der Pressefreiheit in Forschung und Lehre intensiv befasst. In dem vorliegenden Buch erinnert er an diese Freiheiten und weist anhand zahlreicher Beispiele auf deren Gefährdung durch die Auswüchse der Political Correctness hin: Deren problematische Einwirkungen werden einer kritischen Betrachtung unterzogen. Ergebnis: Ein engagiertes Plädoyer gegen die p.c.

165 Seiten, 2017
ISBN 978-3-428-15268-1, € 19,90
Titel auch als E-Book erhältlich.

 www.duncker-humblot.de